LES AUTOS TAMPONNEUSES

STÉPHANE HOFFMANN

LES AUTOS TAMPONNEUSES

roman

ALBIN MICHEL

Parfois un ouvrier tombe d'un échafaudage
Et le vent sent toujours le lilas.

Jean FOLLAIN

1

Bien que bordelais, Jean-Charles Lawton ne répugne pas aux concours de prouts. À cinquante ans bientôt, c'est même encore l'idée qu'il se fait de bons moments entre amis.

Aussi, lorsqu'on lui transmit une invitation pour le quarantième anniversaire de notre mariage : régate, suivie d'une soirée habillée, il crut d'abord avoir mal compris.

2

Pas tant que moi.

Quand, par Nelly Pilou (c'est la bonne), j'entends parler de ces festivités, je me précipite chez ma femme, que je trouve étendue sur son sofa – le fameux sofa d'Hélène –, lunettes au bout du nez, livre à la main, crayon entre les dents :

– Hélène, quelle idée ! Nous nous entendons bien, n'est-ce pas ?

Sans lever les yeux, elle murmure, comme pour elle-même :

– Oui.

– Es-tu heureuse avec moi ?

Elle me regarde un instant, mais garde le crayon entre les dents :

– Avec ou fans toi, je fuis heureuse, Pierre. Plus fimple comme fa. La moindre des foses. Queftion d'hygiène. Fuffit de fe contenter de fe qu'on a, voilà tout.

– F'est, euh… c'est la mort du progrès, ton programme. Ça ne va pas très loin.

Elle crache son crayon et me regarde dans les yeux :

– Je ne vais pas très loin, Pierre. Seulement, je veux montrer que je vais bien.

– C'est important ?

– Ça fait partie du job.

3

Quel job ?

Mariés par hasard, nous le sommes restés par égoïsme et comme par indolence. Pourquoi chercher chez autrui un bonheur qu'on ne trouve qu'en soi, dans une action qui corresponde à sa nature ? Depuis des années, Hélène reste alanguie dans notre maison du golfe du Morbihan à jouer du piano, lire et prendre des airs. Pendant ce temps, dans mes bureaux de la Défense je me voue, avec une passion discrète et tenace, aux affaires héritées de son père.

Nous nous entendons sur l'essentiel. Le mariage nous a toujours semblé être un tour en autos tamponneuses : c'est inconfortable, on prend des coups, on en donne, on tourne en rond, on ne va nulle part mais, au moins, on n'est pas seul. Ainsi avons-nous passé, dans ce voisinage absurde, bientôt quarante ans côte à côte. Les trois enfants – non, deux, depuis que nous avons eu la satisfaction d'en perdre un sans l'avoir fait exprès –, les deux enfants, donc, commis les rares fois où nous nous sommes trouvés face à face ont été nourris, blanchis et logés ; nous les avons peu aimés. Vite, nous les avons envoyés dans de lointains pensionnats d'où ils sont sortis sans qu'on les ait jamais revus. Hélène se souvient mieux de ses chiens que de ses enfants.

Depuis un an, j'ai entrepris de vendre mes affaires, quitter Paris et rejoindre ma femme près de Vannes, à Conleau, dans cette maison bâtie trente ans plus tôt pour les vacances, et qu'elle n'avait pas voulu quitter depuis que notre fils aîné s'y était noyé avec son épagneul. Nous ne savons pas très bien où est enterré Alain, mais Hélène s'est fait un devoir de rester près de « ce pauvre Bob » – c'est du chien qu'il s'agit –, inhumé sous un mausolée de granit dans le grand parc planté de pins maritimes, rhododendrons blancs et hortensias bleus, nécessitant à l'année deux jardiniers pour lui donner cet air naturel dont le négligé choque les amateurs de massifs, pergolas et bordures. Elle passe ses journées à lire à l'abri du vent dans un rond de buis ; et ses soirées sur la terrasse de cette maison inspirée des villas romaines et nommée « Baot » parce que les ardoises recouvrant toit et façades évoquent, en effet, les écailles de la tortue qui, en breton, se dit « baot ».

Vendre mes affaires ? On tente de m'en empêcher. Mes conseillers, d'abord. L'un d'eux, voix grasse, sourire gouailleur, pas de cravate pour faire *cool* : les poils lui sortent de l'encolure, c'est dégueulasse. Ce manque de pudeur des hommes d'aujourd'hui. Il tape du crayon sur la table, comme pour me rappeler à l'ordre : « L'annonce de votre départ risque de faire perdre beaucoup d'argent au groupe, monsieur le Président, les marchés douteraient. Quand on a des actionnaires, on ne les abandonne pas comme ça.

– Ah non ? Comment, alors ? »

Ces gens m'ennuient. J'avais, parmi eux, passé des années délicieuses. Soudain, je ne les supporte plus. Pour les éloigner, je les nomme aux diverses fonctions que je cumulais, et dont je me défais à leur profit, un peu au hasard. Il y a des surprises, ambitions déçues, promotions inattendues. Ils se battent, ça les occupe et ça m'amuse. Je m'en fous, je pars. Brutalement, comme on meurt.

Ou comme on naît.

Il y a Hélène, aussi, prise de panique à l'idée de me voir en vieux mari à la maison, les bras ballants, se grattant les couilles devant la télé, traînant en pyjama à réclamer son repas. Elle me fait la morale :

– Les hommes qui ne travaillent pas se relâchent, Pierre. Jamais ils ne devraient rentrer à la maison, jamais. Ils doivent mourir à la tâche, au combat, la main sur le métier. C'est leur honneur, leur devoir, leur gloire. Les hommes, on les aime absents. Celui qui rentre saccage tout. La place d'un homme, c'est dehors. À l'intérieur, sa place est prise, qu'est-ce que tu crois ? Si tu veux la reprendre, il te faudra bander l'arc, tuer les prétendants et purifier le palais au soufre.

Et elle ne rit pas.

Moi, d'abord conciliant, parle de me mettre au golf, créer un cabinet de consultants à Baot, aider les jeunes à se lancer : « J'installerai mes bureaux dans les chambres des enfants, et puis je me remettrai au vélo, à l'équitation, à la…

– Brillante idée. Pourquoi pas au Jokari, au jeu des Sept Familles, au Cochon qui rit et au Youpala ? Je ne suis pas d'accord pour que tu cesses tes activités, Pierre. Tu n'en as pas le droit. Et sache deux choses. Un : je ne me laisserai pas faire. Deux : je ne te laisserai pas faire. »

Petite mignonne.

4

Pour conquérir une femme, il faut peut-être savoir lui parler mais, pour la garder, il faut assurément savoir l'écouter. Hélène me cache quelque chose. Histoire de lui faire cracher le morceau, je l'emmène à La Bretesche, Relais & Châteaux très *britiche* de l'autre côté de la Vilaine, à Missillac, où nous arrivons en fin d'après-midi.

Il vient de pleuvoir, mais il fait doux. En descendant de voiture, Hélène ôte son cardigan. Ce geste qu'elle a de relever ses cheveux pour faire glisser le chandail sur ses épaules. La chaîne d'or entrevue sur sa nuque, j'en frissonne. « Tu viens ? » murmure-t-elle. Je lui prends la main, nous marchons vers la cour. Sous les tilleuls, des Anglais secs déchargent de leur Range Rover des clubs de golf encapuchonnés de feutrine. Il y a de la lumière dans la brume sur l'étang où se reflète un château très Walter Scott dans lequel un ambassadeur de France écrit de délicieux polars Louis XV qui sentent la poudre à balles et la poudre à friser. Raquette sous le bras, rentrant des tennis et riant fort, des jeunes filles traversent la cour carrée pleine de roses. Je ne les regarde pas ; enfin, à peine : comme les deux chats qui s'étirent sur les pavés regardent en soupirant les colombes perchées sur le toit d'ardoises.

Vite, pendant qu'on s'occupe de nos bagages, nous nous retrouvons dans une stalle des anciennes écuries où on a installé le bar. Lorsqu'on apporte le champagne, je fais signe de présenter la bouteille à Hélène : c'est un vin qu'elle comprend très bien.

« Billecart-Salmon 2006, Madame.

– Très bien, mais dans des verres à bordeaux.

– Pardon, Madame ? »

Sursaut d'Hélène, agacée qu'on ne lui obéisse pas en silence. Ce ton sec, méprisant et las – que j'adore, je l'avais presque oublié – de prof de piano, d'adjudant-chef ou de chroniqueur télé :

« Servez dans des verres à bordeaux, je vous prie. »

Le frissonnement du champagne la réveille. Elle ne résiste pas à une bouchée d'andouille de Guémené, bien onctueuse et poivrée, porte le verre à ses lèvres. Mais, à l'instant même où la gorgée mêlée des miettes de charcuterie touche son palais, elle tressaille, attentive à ce qui se passe d'extraordinaire en elle. Un plaisir délicieux l'a envahie, isolé, sans la notion de sa cause. Il lui a aussitôt rendu les vicissitudes de la vie indifférentes, ses désastres inoffensifs, sa brièveté illusoire, de la même façon qu'opère l'amour, en la remplissant d'une essence précieuse... Allons, calmons-nous, reprenons-nous, descendons quelques étages et disons plus platement qu'Hélène, après ce premier verre, semble se sentir si bien qu'elle en reste là, et muette.

Nous nous taisons : entrée du champagne, vin de préludes et de victoires, vin des froides terres blanches, des vendanges vertes, des cuves cerclées, des caves profondes et des épais flacons ; vin qui ne voit le jour que dans nos verres, où il ne reste pas longtemps, ce qui lui suffit pourtant pour nous éclairer et, parfois, nous illuminer.

Hélène a raison : le champagne, c'est mieux dans des verres à bordeaux. Les flûtes sont guindées, rigides, souvent mal essuyées : le vin s'y ennuie sans pouvoir s'y épanouir. Des coupes, il s'évade, c'est la part des anges, merci bien. Tandis que dans les verres à bordeaux, il danse, se retient puis se donne tout entier.

Dans une stalle, à notre droite, des Anglais, tricot torsadé et teint violine, discutent du trou n° 6 avec autant de passion que s'ils refaisaient cette Opération Chariot de 1942 destinée à rendre inutilisable le port de Saint-Nazaire – à moins que les attaques commandos soient menées par eux avec le même détachement qu'une partie de golf, Churchill ne parlait-il pas du « show de Dickie à Saint-Nazaire ? ». Mais ils sont loin de lord Mountbatten, les rougeauds d'aujourd'hui : attaquer avec un fer 7 ou un fer 9 ? Un ou deux glaçons dans le J&B ? Voilà ce qui les préoccupe. Ils en parlent longtemps avec flamme et, d'un coup, le plus rouge soupire :

– Non, vraiment, pas de glaçons dans le J&B ! Pour une raison très simple : pas de J&B du tout, c'est infect ! Je prendrai donc un Lagavulin – et sans glace !

Secoués de rires, ils se tapent les cuisses et, comme ils n'ont pas encore ôté leurs souliers ferrés, ça fait clac ! clac ! clac ! sur le sol de terre cuite.

– Oh, John ! *your shoes !* s'écrie une dame en se mettant la main aux joues.

– Wouaf ! Wouaf ! Wouaf ! Clac ! Clac ! Clac !

Le barman propose d'envoyer chercher d'autres souliers pour ces messieurs qui, soudain, se calment. Les dames se redressent, aussi touchées que si on venait de leur offrir des fleurs.

5

On nous conduit à notre table. Le champagne nous donne la sensation de glisser sur un tapis volant. Nous nous amusons d'un rien, le rire clair d'Hélène. Poutres sous les hauts plafonds sombres, tentures nègres, bougies sur les tables rondes, fauteuils d'osier, fenêtres longues et larges sur le parc, l'entrée nous est rapidement servie.

Hélène me prend la main.

– Alors, ces langoustines ?

– *In !* Et ce saint-pierre ?

– D'hier !

Elle a un éclat de rire, mais sans gaieté, comme un hoquet. Ou un crachat. Puis :

– Mais non, voyons, il est très bon. Mieux que ça, même. J'aime cet endroit. J'y venais déjà avec mon père. Tout a changé, mais rien n'a bougé. On a l'impression que le temps ne passe pas.

– Mais le temps ne passe pas, Hélène. C'est nous qui passons dans le temps.

– Oh ! magnifique. Attends, je vais noter ça. Tu peux répéter ?

Je hausse les épaules, tout de même un peu vexé, et me rabats sur ma tarte fine de langoustines et pied de porc, qui me ravit. Ça aurait plu à mon beau-père, je vais pour le dire à Hélène, mais sa moquerie m'a agacé, je la noie d'une gorgée de muscadet, et mon aigreur s'envole.

On est bien, ici, c'est vrai. La cuisine étoilée m'agace, en général, raffinement voyant, pour voyageurs de commerce en goguette. Je n'ai jamais pu comprendre pourquoi les chefs acceptent la tyrannie du Gros Livre rouge. Ils veulent montrer leur virtuosité et se perdent en subtilités inutiles. Ils se regardent cuisiner comme on s'écoute parler. Résultat : leur ordinaire est une musique dont les arrangements couvriraient la mélodie, on perd le fil, l'émotion s'envole et on est bien incapable, le lendemain, de se rappeler de quoi on a dîné.

Mais pas ici. Le pigeonneau au foie gras est doux, tendre, subtil et me rappelle – mon Dieu ! que vient-elle faire à cette table ? – certains baisers d'Esther dont la présence, d'un coup, s'impose à moi. Ce dîner, il y a un an déjà, à La Grande Cascade, où nous nous étions tellement moqués de tout, et surtout de nous-mêmes. Je ne reverrai pas Esther et je suis là, avec Hélène, de plus en plus nerveuse. Nous n'avons plus l'habitude de dîner ensemble en public. En général, nous nous taisons assez bien. Nous n'avons rien perdu de cette complicité qui permet de ne pas être gêné par le silence. Mais, ce soir, peu à peu le silence ne nous unit pas, il nous sépare. L'effet du champagne s'est vite estompé. Face à moi, j'ai à nouveau la petite dure qui serre les dents. Par les hautes fenêtres, nous voyons des couples se promener lentement sous les marronniers le long du lac. Ils semblent se murmurer des choses que l'on aimerait entendre ou dire. Les Anglais se sont changés, mais ils n'ont pas changé : rigolards et rubiconds. Les jeunes joueuses de tennis se tiennent droites et muettes à la table de leurs parents. Et nous, quelle impression donnons-nous ?

Je me retiens de poser à Hélène la seule question qui me brûle les lèvres. J'aimerais savoir si elle a des nouvelles des enfants. La dernière fois que je lui ai demandé leurs adresses elle avait soupiré sans lever les yeux de son livre :

– Tu les trouveras dans le *Bottin*, je suppose.

Je n'avais pas insisté et, au dîner, sans faire remarquer que le *Bottin* n'existe plus que dans sa version mondaine, j'avais simplement dit :

– Je n'ai pas trouvé les adresses des enfants. Ils ne sont pas dans l'annuaire.

– Vraiment ? C'est qu'ils ont de bonnes raisons pour ça.

– Mais tu…

– Écoute, Pierre, je ne suis pas ta secrétaire. Sois autonome, s'il te plaît.

Depuis, j'évite le sujet. Je n'ai pas peur d'Hélène. Je l'aime, sans doute, puisque j'aime ses défauts. Elle m'aime aussi puisqu'elle me tolère. Néanmoins, il y a ce soir quelque chose de forcé entre nous. Perdu pour perdu, je me lance :

– Nous devrions peut-être revoir nos enfants.

– Pour quoi faire ?

– Par curiosité. Pour voir ce qu'ils sont devenus.

– Ça t'intéresse ?

– Non. Enfin, pas plus que ça. Mais ça serait gentil.

– C'est à eux de prendre de nos nouvelles et de s'occuper de nous, tu ne crois pas ?

– C'est vrai, tu n'as pas tort.

Mais elle n'a pas raison non plus. Si nos enfants s'occupent de nous comme nous nous sommes occupés d'eux, il se passera du temps avant qu'ils nous rendent visite.

6

Il n'y a pas, pour moi, de dessert sans cigare. La maison est civilisée, Hélène aussi. On nous dresse, dans la cour, une table sous les tilleuls en bosquet. Où peut-on être mieux, en cette douce soirée de juin, que dans ce quadrilatère parfait formé des bâtiments de l'hôtel, du restaurant et du spa par les fenêtres duquel passent des silhouettes en peignoir blanc, des serviettes nouées sur la tête, comme des cônes de meringue ?

Ça sent le foin coupé, la paille fraîche, le cuir de botte, la terre humide. On rentre les chevaux. Le bruit des sabots sur la pierre, plus feutré quand ils passent la porte des boxes, leur hennissement quand ils sentent qu'on a changé leur litière.

Hélène demande une saveur de pamplemousse avec carpaccio d'ananas et sorbet orange, « et un verre de vodka, s'il vous plaît. À l'herbe de bison », ajoute-t-elle en baissant les yeux comme si c'était un péché. Je balance et, au moment de me décider, le garçon murmure que le chef, ayant reçu des cerises Montmorency, a préparé un clafoutis :

- En principe, c'est pour l'office, car les clients sont toujours un peu gênés d'avoir à recracher les noyaux. Mais...

– N'ajoutez pas un mot, vive le clafoutis ! Avec un verre de kirsch. Et pas d'Anglais, s'il vous plaît.

Le moelleux de la pâtisserie, le jus acidulé de la cerise qui gicle sur la langue, le craquant du sucre caramélisé encore un peu tiède, mêlés aux arômes miellés du cigare que j'ai (bien) choisi : un lonsdale de Partagas, dont on m'a offert une boîte, tout cela me ravit, me rend inoffensif et me livre à la fureur d'Hélène qui, d'une voix sourde et un peu lasse, comme on parle à un enfant idiot :

– Écoute-moi, Pierre. J'attends de te parler depuis le début du dîner. Maintenant que nous sommes seuls, tu vas m'entendre. Je suis restée parce que j'avais faim, mais je suis furieuse que tu m'aies invitée ici. Vraiment. Si tu crois qu'une nuit dans un Relais & Châteaux suffit à m'éblouir et à me faire taire, tu te trompes, mon bonhomme. Il y aura quarante ans bientôt que nous sommes mariés. Jusqu'à présent, c'était pas mal. Pour plusieurs raisons, et peu importe lesquelles, au fond, ça ne te regarde pas. Mais la plus importante d'entre elles, si : je t'aimais parce que tu n'étais jamais là. Et, de ça, je tiens à te remercier. Si les hommes connaissaient la force de l'absence, ils seraient absents beaucoup plus souvent. Et beaucoup plus longtemps. J'ai aimé t'attendre. J'ai aimé te regretter. J'ai aimé retrouver des traces de ton passage. Trois fois rien : un journal oublié, une cravate jetée sur un fauteuil, un numéro de téléphone griffonné sur un papier, ton parfum, aussi. Ou, mieux, ton odeur. Les nuits après tes départs, je dormais dans la chemise que tu avais portée.

– C'est dégueulasse.

– C'était délicieux. Comme il était délicieux d'avoir un coup de fil de toi. Ou, mieux, de ne pas en avoir. De me dire que tu allais bien puisque tu n'avais pas besoin de moi.

– Et qui te dit que j'ai besoin de toi, aujourd'hui ?

– Ton invitation de ce soir. Tu veux m'amadouer, je déteste ça. À peine rentré, tu m'emmènes à La Bretesche. La semaine prochaine, ce sera Locguénolé ou Rochevilaine. Dans un mois, tu me traînes en croisière. Pour qui me prends-tu, Pierre ? Pour une poule ? Comment peux-tu si mal me connaître ? Tu ne t'es jamais trop inquiété de moi depuis quarante ans, et je t'en remercie. Cela veut dire que tu as confiance en moi. Et tu as raison. Comme j'ai eu raison d'avoir confiance en toi.

Au garçon qui s'approche, elle fait un signe de la main :

– Nous ne voulons pas de tisane, merci. Laissez-nous. Figure-toi, Pierre, que j'ai horreur des hommes qui prennent leurs femmes pour des connes et se mettent à leur faire une cour effrénée pour les aimer « comme au premier jour ». C'est insultant. Et c'est infantile. Comme si on pouvait aimer à quarante ou soixante ans comme à vingt ans. Tu as trop lu Alexandre Jardin, tu en deviens bête. Je ne veux pas que tu m'étonnes, Pierre. Je ne veux pas que tu m'éblouisses. Je ne veux pas que tu me fasses des cadeaux. Je ne veux pas que tu m'emmènes à Venise ou que tu m'envoies le quatuor Poulet me jouer la *Sonate* de Vinteuil, qui d'ailleurs est un duo. Tout cela est vulgaire. J'ai toujours su m'occuper seule, et j'ai bien l'intention de continuer.

– Mais je ne t'ai rien demandé.

– C'est presque pire. Car cela veut dire que, pour toi, cela va de soi. Tu rentres, je dois être là. Disponible. Eh bien, figure-toi, non, je ne suis pas disponible.

Une nouvelle fois, le garçon s'avance. Une nouvelle fois, elle le renvoie. Il revient, accompagné du concierge.

– Votre voiture, Madame.

– Pardon ?

– Le taxi que vous avez demandé est arrivé il y a dix bonnes minutes, que devons-nous lui dire ?

– Ah ! oui, pardon. J'arrive.

– Avez-vous un bagage ?

– Non.

Ils s'en vont, Hélène se lève :

– Je pars, Pierre. Ou, plutôt, je rentre. Merci pour le dîner. Désolée pour la nuit câline.

7

Si j'avais été fumeur de cigarettes, je ne l'aurais pas laissée partir. J'aurais argumenté, répondu, discuté. Je me serais énervé, peut-être. Ça aurait bardé.

Mais je suis fumeur de havanes, ce qui rend bonhomme. Derrière l'écran de fumée, la vie semble plus lointaine, presque irréelle : suave. Je voyais bien la colère d'Hélène, je la trouvais injuste mais – comment dire ? – elle ne me touchait pas. Perché sur mon nuage, je regardais, en bas, s'ébattre cette petite femme dans une petite humeur qu'elle exagérait. Le cigare, c'est la fenêtre d'en haut.

Je reste seul. Tout va bien. Ces plaisirs sont plus exquis depuis qu'ils sont coupables. Rien ne me manque. Ni personne. La violence d'Hélène est absurde. Que craint-elle de moi ? Ai-je jamais pesé sur elle ? Nous avons toujours fait chambre et salle de bains à part, condition indispensable pour les voyages au long cours. Cela avait aiguisé notre intimité : nous nous réservions les meilleurs morceaux. Mais, depuis longtemps, je ne viens plus gratter à sa porte. Physiquement aussi, c'est le silence : nous nous sommes tout dit. Avec Esther, et d'autres avant Esther, j'avais poursuivi les délicieuses conversations abandonnées avec Hélène. Puis, craignant le ridicule – une femme de mon âge me lasse, une femme plus jeune m'épuise –, j'ai choisi de renouer avec la chasteté de l'enfance. J'ai toujours craint de devenir libidineux et *viagrataire*.

8

De toute façon, je ne fais pas le poids car, pour Hélène, c'est très simple, on n'a jamais rien fait de mieux, au rayon hommes, depuis son père. Le genre Mon Père, ce Héros, vous voyez ? Exténuant.

C'est d'ailleurs par son père que je l'ai connue. Il s'appelait Maudet. Robert Maudet. « Call me Bébert », murmurait-il d'emblée en clignant de l'œil. À la fin des années soixante il était, à Paris, une curiosité et, dans les écoles (ESTP, HEC) d'où je sortais, une légende : réussite à la française, exemple pour la jeunesse, ascenseur républicain.

Il avait commencé par abattre pour la boucherie des porcs dans la ferme de son père, du côté de Pontivy, avant d'en organiser le transport pour les éleveurs voisins, puis dans la Bretagne entière, vers une série de petits abattoirs dont il avait peu à peu pris le contrôle.

Après les cochons, il transporta enfants, vieillards, malades, touristes, bagages ; puis des meubles dont il assura le gardiennage, ce qui le conduisit à l'immobilier, dont il devint un agile et insatiable promoteur.

Il faisait affaire de tout. Sa femme, s'étant amusée à repiquer trois géraniums sur un balcon, se vit offrir une graineterie qui devint vite une chaîne de jardineries. Et, lorsque naquit Hélène, ne trouvant pas de quoi habiller l'infante selon son rang, il lui fit dessiner, sous la marque *Lenaïq*, une ligne de vêtements pour enfants, bientôt franchisée dans le monde entier.

Aimant à créer, Maudet s'ennuyait à gérer. Aussi cherchait-il à s'entourer de ces esprits automatisés à passion froide que produisent en série les écoles françaises et dont j'étais un spécimen recherché. Me préparant à partir travailler aux États-Unis pour les capitaux chinois, je me suis laissé entraîner chez Maudet, rue d'Aumale, par des camarades blagueurs, à l'un de ces déjeuners servis par une bonne en chaussons, et dont on revenait avec des fous rires pour quinze jours.

Françoise Hardy habitait au n° 24, mais c'est au 14 que je pris, comme tant d'autres avant moi, le fragile ascenseur vitré sentant l'huile tiède, le bois ciré et le velours gras. À l'étage au-dessous habitait l'académicien Jacques Chastenet, ancien directeur du *Temps*, qui le fournissait en fronsac. Les fenêtres donnaient sur les jardins de l'ancien hôtel de Thiers. Maudet voulait nous parler d'une société de location de bateaux à moteur dont il avait l'idée. Hélène avait pris, à table, la place laissée libre par la mort de sa mère. Elle avait juste vingt ans, de l'allure, des manières et cette forme d'esprit qui laisse croire aux hommes qu'elle les admire, ce qui les grise et lui permettait de les livrer à la voracité du père Maudet. Belle rabatteuse à voix chaude et regard froid.

Robert Maudet n'était pas dupe. Il savait qu'on se moquait de lui mais ne combattait pas sa bonhomie. Au contraire, il l'exagérait. Il demandait aux ministres : « Comment va vot'dame ? », se nouait la serviette autour du cou, disait : « Bon appétit » puis : « Bonne continuation d'appétit », léchait son couteau et sortait des cabinets en claironnant : « A voté ! » Si sûr de sa supériorité, ne prenant pas la peine de la soutenir, il semblait bête en société et ne s'en souciait guère. Les élégants haussaient le sourcil devant le décor – table inox-verre fumé et bahut breton, toiles de Mathieu et Vasarely mêlées à des canevas encadrés, lampes de plastique orange posées sur des napperons de dentelle qu'on se montrait du menton –, et se laissaient plumer par dédain du combat. Ils sortaient de table moins riches, mais en ayant à raconter des choses dont ils pouvaient se moquer.

L'affaire de location de bateaux ne se fit pas mais, tout en marquant du respect à notre hôte, j'avais su lui résister et, presque, lui parler d'égal à égal. Stupeur de mes amis, estomaqués qu'on perde son temps à discuter sérieusement avec un tel pignouf dont la table, certes, était bonne et la fille envisageable, mais dont la conversation était impossible, mon Dieu, et ces cravates en satinette, il doit les acheter à la douzaine, sur le trottoir des Galeries !

– Avec les socquettes !

– Ah ! oui, les socquettes blanches, un délice.

L'esprit de Paris.

Je ne m'étais pas mêlé aux railleries. Je n'ai jamais eu l'esprit de corps, nom chic pour la moutonnerie : les moutons ont l'esprit de corps. Plus grave encore pour ma réputation, Bébert Maudet m'avait, au café, entraîné dans son bureau. J'y étais resté longtemps. Les autres avaient dû prendre congé avec le sentiment d'avoir été doublés sur une affaire qu'ils n'avaient pas vue.

J'avais, dans ce bureau, compris que je me plairais plus à ses côtés que dans les grandes et ennuyeuses multinationales. Je me pris de sympathie pour Maudet, qui me changeait des jeunes hommes de confection parmi lesquels je vivais. Les décennies dans lesquelles je devrais passer ma vie ne seraient pas favorables au génie français. Pour parler comme Maudet : c'était pas son jour, à la France. Nous financions à crédit, comme les vrais snobs que nous étions, un art de vivre que nous ne pouvions plus nous offrir par notre travail, puisque plus personne ne voulait travailler. Pour quelque temps au moins, la fête était finie. La France s'en remettrait, bien sûr, elle en avait vu d'autres, mais il y faudrait des décennies et, à l'heure de la renaissance, je serais depuis longtemps en cendres. En attendant, mon pays ne produirait plus d'entrepreneurs, seulement des administrateurs de situations acquises. Il ne s'agirait plus de créer, seulement de protéger et sauver ce qui pourrait l'être encore.

Je vis qu'il serait plus amusant d'épauler Maudet que de côtoyer mes condisciples. Je payai cette clairvoyance de quelques vexations. Le dédain des dindons. L'avenir me donna raison et, sortant du bureau, j'avais senti Hélène plus légère. Elle avait aimé la simplicité avec laquelle je l'avais invitée au cinéma (« Quoi, l'après-midi ? En pleine semaine ! » Elle avait ri : « Vous ne travaillez donc pas ? »). Nous étions allés voir *La Belle Américaine* au Cinémonde Opéra.

Fréquemment, depuis ce jour-là, nous nous revoyons sans son père. Nous passons la Seine : pour elle, une aventure. Nous allons au Studio Alpha, au Quintette, au Saint-Germain-Huchette. Elle se laisse entraîner à boire de la bière brune au Café de Cluny. Une fois, apercevant Charles Aznavour et une femme descendre le boulevard Saint-Michel, je lui dis qu'on surnomme le chanteur « Aznanas », ce qu'elle ne trouve pas drôle. À la trattoria Caracalla, rue Bréa, nous commandons risotto et chianti. J'explique pourquoi il faut toujours boire du Gallo Nero, elle prend une expression exagérément passionnée qui me vexe un peu. Elle aime tant le parmesan – la croûte, surtout – qu'elle en demande aux tables voisines avec un naturel qui fait rire. À ce moment précis, je sais que je ne pourrai plus me passer d'Hélène.

Après notre mariage, je l'emmène dix jours à Sainte-Anne-la-Palud, dans la baie de Douarnenez, en plein novembre. Seule exigence d'Hélène, toujours gardée depuis : une salle de bains pour elle seule. Elle y dispose, avec un calme et une gravité de prêtresse, ces eaux, crèmes, huiles, fonds de teint, rouges à lèvres, laits, fards et masques, flacons dans le désordre desquels cette petite chimiste se retrouve très bien, pendant que je m'attarde au bar. Un air de havane autour de moi lorsque je remonte. De notre chambre de l'Hôtel de la Plage, nous regardons galoper les chevaux dans le brouillard et dans les flaques laissées par la marée descendante.

J'entre, au retour, dans les affaires de mon beau-père. Mes camarades d'études, si distingués, me tournent le dos. Soudain, je dois puer. Les réseaux m'emmerdent. Mon seul carnet d'adresses, le *Bottin.* Eux sont gobés par des multinationales, tellement plus chics. Peu m'importe. Je ne crois ni aux générations ni aux amicales d'anciens élèves, mais à ces attirances inattendues entre des êtres que tout semble séparer. Je renonce à ces désolantes carrières à la française où l'on se fait pousser par un clan avant de le servir. De temps à autre, je retrouverai au Siècle, au MEDEF, au Parti socialiste – repaires de la bourgeoisie conservatrice –, ces superbes si prévisibles, au sang maigre et craintif, auxquels je préfère la rudesse d'un Maudet, dont les astucieuses spéculations multiplient la fortune. À ses côtés, je suis heureux.

Maudet, ayant tout, voit bien que ce tout n'est rien ; et ce vide lui donne de l'élan. Nous décidons de nous amuser.

J'avais, dans ma jeunesse, imaginé passer quelques années, le moins de temps possible, à constituer la fortune nécessaire à mettre ma famille à l'abri du besoin, puis ne plus rien faire. Or, me reposer m'ennuie et travailler me passionne : avoir des idées, monter des coups, recruter, s'imposer, se confronter, risquer, anticiper, innover, tout cela me plaît mieux que l'argent ruisselant vers nos coffres.

Nous ne nous sommes refusé aucune aventure, avons joué tous les ballons et poursuivi la diversification du groupe, au gré de nos envies et des opportunités. Vins et alcools, informatique, pharmacie, assainissement, mobilier de bureau, parfums d'intérieur, joaillerie et, même la crémation d'animaux de compagnie. « Nous devons nous suffire à nous-mêmes, répétait mon beau-père, et ne rien acheter en dehors de chez nous. »

Gaieté du combat, discrétion de l'approche, rapidité et légèreté des attaques, malice des feintes, gravité du risque, même sourire au vaincu et au vainqueur, j'ai joui de tous les aspects de la vie des affaires, avec cette enivrante sensation de faire avancer le monde. Avec Hélène à mes côtés, si calme et déterminée, qui a tout aimé de sa vie, sauf ses enfants.

Elle ne les avait pas détestés non plus, seulement agacée de devoir, sous peine de culpabilité, éprouver des sentiments qu'elle ne sentait pas en elle. Être enceinte l'avait humiliée. « Regarde ça, me disait-elle, je ne suis plus qu'un ventre, une femelle, ça m'écœure, j'ai un vampire dans le bide, il me prend tout. » Elle en grelottait. Et je devais la retenir pour l'empêcher d'insulter les dames que nous croisions dans la rue, et dont regards attendris et sourires de connivence lui donnaient des envies de meurtre.

Elle n'a pas admis devoir s'étonner de ne pas avoir pour ses enfants les sentiments communs à toutes ces mères prodigues en conseils. « Vous n'allaitez pas ? Ah ! tiens, c'est curieux pour une mère... *(Regard oblique.)* Surtout que vous pourriez. » « Vous ne vous levez pas la nuit pour le regarder dormir ? Ah ! tiens, c'est curieux pour une mère... Moi, je ne pouvais pas m'en empêcher. » « Vous ne l'avez pas accompagné pour sa rentrée des classes ? Ah ! tiens, c'est curieux pour une mère... Moi, je l'ai toujours fait. Et, d'ailleurs, mes amies *(regard circulaire de l'admirable mère sur l'assemblée)*, savez-vous que mon François-Régis entre à Polytechnique ? *(Un ton plus haut, à la cantonade :)* Oui, mes amies, comme on dit dans le jargon, mon fils intègre l'X. » « Elle s'est mise à pousser des petits cris perçants », concluait Hélène en me rapportant le fait. « Presque un orgasme, cette conne ! »

J'aimais d'elle ses colères, comme ce jour, à Paris, où

elle descend de voiture pour boxer un cycliste qui l'a frôlée de trop près. Elle l'empoigne, le fait tomber et balance le vélo derrière les grilles de la Chapelle expiatoire. Une force de camionneur. Puis, elle remonte en voiture, indifférente aux klaxons, remet une mèche derrière son oreille, se fait un sourire dans le rétroviseur, me regarde en haussant les épaules et, doucement : « C'est vrai, quoi ! »

Peu douée pour la dissimulation, Hélène n'avait jamais été très populaire parmi nos relations. Commentaire le plus aimable : « C'est une originale ! », le plus courant : « C'est une piquée. »

9

Mon beau-père et moi formions un curieux équipage. Ayant été dressé dans les meilleurs collèges, salles de sport et salons, de Saint-Jean-de-Passy à la Croix-Catelan en passant par les ennuyeux après-midi chez ma grand-mère, rue de la Faisanderie, j'avais l'air d'un maître dont il aurait été le cocher. Bien sûr, c'était tout le contraire. Il m'a montré l'essentiel : ce qui ne s'apprend pas dans nos écoles. L'attelage que nous formions sous les moqueries l'emporta souvent. Très souvent.

On dit toujours que la bonne éducation consiste à être partout à son aise et à traiter tout le monde de la même manière. Selon ces critères, mon beau-père était mieux élevé que moi. Rarement impressionné, curieux de tous, traitant chacun sur le même pied, sa gentillesse palliait sa rudesse. Ayant lui-même pratiqué tous les métiers il fut longtemps capable de remplacer ses employés au pied levé. Il savait conduire un camion, démonter et remonter un moteur, élever un mur de parpaings, installer une prise électrique, tailler une haie, tenir une caisse, coudre une boutonnière, faire visiter un appartement, servir un poisson sur plateau et desservir une table. Et il aimait ça.

Je passais pour plus intelligent, j'étais plus gourde. Les gens qui n'étaient pas de mon monde m'embarrassaient. C'était timidité, pas mépris : je ne savais pas leur parler et ce qu'ils pouvaient me dire ne m'intéressait pas. Je ne me sentais libre que dans mes conseils d'administration, ma famille, mon club, mon cercle, fragile fleur de serre que la moindre brise défeuille. Voilà pourquoi, à la mort de Robert (« Call me Bébert ») Maudet, tout a changé pour moi.

À ses côtés, le travail avait été une passion. Persuadé que tout le monde était comme moi, j'ai été le dernier à m'apercevoir que mes affaires m'avaient isolé jusqu'à l'asphyxie. « Une maîtresse serait moins prenante », disait parfois Hélène. Je baissais les yeux : j'avais des maîtresses. Pour l'amusement ou, comme on dit si joliment, pour la bagatelle. Je n'avais pas une double vie ; juste la sensation d'une vie pleine, donc équilibrée. Rien de frustré. Je n'avais pas abusé, mais je ne m'étais pas privé. J'ai laissé à Paris le dernier spécimen, Esther, d'autant plus *parisienne* qu'elle tâchait de faire oublier qu'elle avait grandi à Bourg-en-Bresse. C'était une délicieuse camarade de chambrée. Nous n'avions en commun que la chambre et ce qui y conduit : la table. Nous n'avions pas le mauvais goût de nous aimer : nous aimions la vie que nous menions ensemble – nous sortions, nous rentrions chez elle ou chez moi –, et nous nous sommes séparés le cœur léger. Lorsque je lui dis que quittant Paris je l'y abandonnais elle éclata de rire et reconnut que c'était la meilleure des raisons – et une bonne idée.

Personne ne m'obligeait à rentrer à Baot. Qu'avais-je à faire de Vannes où, somme toute, j'avais passé peu de temps ? Et qu'avais-je à faire d'Hélène ?

Mes visites à Baot avaient été régulières, fréquentes et furtives. J'atterrissais le vendredi soir à Meucon, où je laissais une voiture. Dîner, caresses aux chiens et aux enfants, puis seulement aux chiens, puis à personne, sommeil de plomb, journées passées dans mon bureau et, dès le dimanche après-midi, retour à Paris où se passait le meilleur d'une vie sans vacances ni passe-temps. Jamais je ne pensais à Hélène, jamais je ne l'appelais. Je savais juste qu'elle dépensait beaucoup d'argent en croyant n'avoir besoin de rien. Elle allait chaque jour chez le coiffeur, chaque semaine chez le fleuriste, chaque mois respirer l'air de Paris, chaque saison chez les couturiers et, tous les mois de novembre, nous passions dix jours à Sainte-Anne-la-Palud, le voyage le plus dépaysant de sa vie ayant été un Paris-Vannes qu'elle avait, faute de place, dû effectuer en seconde classe qu'elle avait crue réservée aux familles nombreuses, religieux, militaires et gens de maison.

J'aimais Hélène comme on aime… euh… allez disons comme on aime ce qui est proche de soi : le mont Blanc quand on est chamoniard ou le Bon Marché quand on habite rue du Bac : il est tellement plus simple (je n'ai pas dit « facile ») d'aimer la personne avec laquelle on vit. Le voyage vers Hélène m'apparaissait comme la dernière aventure me restant à vivre sur cette terre.

Avec elle, la vie semblait impossible mais sans elle était-elle concevable ? Depuis des années, les plus longues de nos conversations avaient été pour la préparation de l'assemblée générale du groupe. J'avais laissé à Hélène une part importante des actions de son père. Elle savait lire un bilan. Les questions qu'elle posait étaient toujours pertinentes. Elle était respectée. Ses avis comptaient. Je savais jouer d'elle pendant les réunions d'actionnaires parce que je savais ce qu'elle y dirait, comment elle le dirait et de quelle manière je pourrais enchaîner. Pour les affaires, nous étions d'excellents partenaires. Pour les affaires seulement. Parce que nous n'avions encore rien tenté d'autre.

10

Hélène et moi nous étions souvent moqués des gens heureux de partir en retraite. Ils donnaient des fêtes, feuilletaient les catalogues des voyagistes, collaient sur leur voiture : « On n'est pas pressés, on est en retraite. » Andouilles. Il nous semblait les voir couler à pic. D'ailleurs, personne ne les fréquentait plus. Gommés de la place qu'ils avaient occupée dans une société qui continuait sans eux, ils n'étaient plus nulle part.

Perdus, ils se déguisaient en plaisanciers, en golfeurs, en cyclistes. Ils traînaient en short dans les stations balnéaires, en caleçon au bar des palaces.

Pour tenter de surnager encore un peu, les uns lançaient des entreprises démodées qui battaient de l'aile au premier exercice et s'effondraient au second. Tous s'y sont appauvris, quelques-uns ruinés. D'autres feignaient un enthousiasme d'enfant pour jardinage, bricolage, généalogie ou peinture, quand ils ne se mettaient pas – comme moi – à écrire. Les plus assommants donnaient dans les bonnes œuvres et tapaient leurs amis.

Tous fuyaient le vide brutal auquel rien ne les avait préparés, et surtout pas la haute idée qu'ils se faisaient d'eux-mêmes.

C'est toujours comme ça : on fait le malin, puis on est attrapé à son tour. C'est ce qui m'est arrivé. Comme aux autres. Sans le vouloir. Presque sans m'en apercevoir.

Un jour, j'en ai ma claque. D'un seul coup, travailler m'ennuie, nos ambitions me semblent vaines, les gens des ombres, nos objectifs inconséquents. Gagner un marché me paraît aussi plat que, je ne sais pas, moi, remporter une étape du Tour de France, le grand prix de l'Eurovision, une coupe de football ou une de ces horribles gamelles, récompenses inventées au vingtième siècle : *so what ?* Je deviens distrait, irritable, absent. Il m'apparaît peu à peu qu'en restant en poste, je deviens un danger pour l'entreprise même. Mon beau-père mort depuis longtemps, Hélène, invisible et présente, a pris sa place au conseil d'administration, me laissant la direction effective du groupe. Mais bientôt je n'ai pour seule envie que me retirer et ne plus rien faire d'utile au monde, sinon le regarder et en rire. Si la jeunesse ne se mesure pas aux années, mais au goût d'entreprendre et de créer, à la curiosité qu'on a pour les autres et à cet enthousiasme que permet la naïveté, alors j'ai perdu la jeunesse.

Autre signe de vieillissement : il me semble que le monde ne veut plus avancer. L'Occident a planté par terre un gros cul qu'il lui est devenu impossible de remuer. L'époque est désenchantée, perdant son élan, son allant, son allure, tombant aux mains des binoclards, chaisières et prêcheurs, qui chipotent sur tous les plaisirs. L'époque est aux puritains, la barbe !

Enfin, façon de parler.

On donne une réception pour mon départ. Hélène ne se déplace pas. Un ministre me promeut, je serre mon successeur dans mes bras, sa femme jubile, les bouchons sautent, je pars très vite, en métro, ligne 1, changement à Concorde, première nuit de liberté à l'Odéon Hôtel.

Avant de rejoindre Baot, je reste deux mois dans cet hôtel pour une tournée d'adieux à tous les gens – hommes d'affaires, journalistes, politiques, syndicalistes, fonctionnaires – que j'ai côtoyés si longtemps. J'y tiens : en France, tout commence et tout finit à table. Qui ne sait pas déjeuner n'arrive à rien.

Beaucoup résistent : n'étant plus en activité, à quoi puis-je bien leur servir ? Dans un métier comme le mien, on n'a pas d'amis, seulement des relations. Navrés de me voir dévisser, ils me parlent à voix basse comme à un malade qui partirait pour l'hôpital : « Mon pauvre Bailly, comment allez-vous vivre loin de Paris ? Loin de la capitale ? Moi, je ne pourrais pas ! »

Comme si Paris existait encore. Paris n'est plus

qu'une bourgade de province dans cet empire européen aux mains de commis, commissaires et commissionnés, dans une France endormie par le souci du confort et la peur de l'aventure. Paris est une capitale comme un travesti est une femme.

Tous me demandent ce que je vais faire.

– Rien.

– Rien ?

– Rien !

Ils trouvent ça merveilleux. Comme j'ai raison, au fond. C'est leur rêve. Je suis un modèle. Je suis euh… gaullien. Gaullien, voilà ! Tellement heureux d'avoir trouvé le mot juste qu'ils en sèchent leur verre. Qu'est-ce que je peux être gaullien, pendant ces déjeuners ! Mais je vois bien qu'ils me prennent pour un cinglé et que je leur fais peur.

Je me rends compte que je n'ai rien à dire à tous ces gens. Eux-mêmes n'ont qu'une hâte : que le repas soit fini. Seules nous liaient les affaires dont nous parlions avec passion. Débarrassés d'elles, nous étions embarrassés de nous. J'avais apprécié toujours, admiré parfois, ces hommes dont je m'aperçois soudain qu'ils me sont indifférents, qu'ils sonnent creux comme des statues de plâtre. Je ne vaux pas mieux.

Quand la société nous lâche, nous ne sommes plus rien que des pépères portant des paniers de poireaux et d'huîtres au marché de Vannes. *Des toutous blancs qui se tiennent debout tout tremblants*, comme dans la chanson. La seule règle qui nous reste : le principe de précaution, par lequel s'ankylose le monde occidental.

Peu à peu, on me décommande. De vieux camarades ne répondent plus ni à mes appels, ni à mes messages, ni à mes courriers. Une rumeur circule : je suis malade, condamné, perdu. J'avais aidé des théâtres, financé des galeries et participé à de ruineuses tombolas mondaines mais désormais, séparé de mes entreprises, les réjouissances se déroulent sans moi.

En quittant mes affaires, je me défais de mes amis, des femmes que je faisais rire, des cadets qui recherchaient ma protection, des aînés fiers de dire qu'ils m'avaient jadis épaulé, des adversaires comme des alliés.

Je suis seul. Donc libre.

Je suis libre. Donc seul.

11

Sonné comme un wagnérien après cette chevauchée des Walkyries que m'avait jouée Hélène, je dors seul à La Bretesche et regagne Vannes. Je traîne. L'air sent le sel, l'iode et la vase dans un ciel blanc comme mon agenda. Par miracle, je trouve à me garer sur les bords de la Rabine. Les cafés ont sorti leur terrasse. Depuis combien de temps n'ai-je pas pris un café au soleil ? Je monte chercher les journaux et redescends la rue Saint-Vincent.

Et là, que vois-je parmi livreurs, ménagères et collégiens affairés ? Une femme. Une femme en robe. Miracle : une femme en robe dans les rues de Vannes, Morbihan, par une belle matinée de juin. Ça ne m'était pas arrivé depuis des années.

Il faut dire qu'ici, question séduction, on fait le minimum : les femmes sont toutes en pantalon. Même pas des pantalons, des frocs. Même pas des frocs, des braies. Et des grolles de camionneur. Les femmes de Vannes ne marchent plus, elles arpentent.

Hier, cette femme en robe, je ne l'aurais pas remarquée. J'aurais pensé aux cours de la Bourse, à tel dossier, à l'attitude de tel collaborateur. Mais aujourd'hui, je suis libre. Et, dans la lumière du matin je regarde cette femme en robe marcher rue Saint-Vincent

Elle marche très bien. Plus que son âge – désormais, toutes les femmes sont plus jeunes que moi –, c'est son allure qui me frappe. Elle semble danser. Ou, si je puis me permettre, elle semble *dansoter*, comme on toussote ; ou *dansiller*, comme on sautille ; ou *dansonner*, comme on chantonne. Je tombe comme en arrêt. Non seulement je m'arrête, mais je fais une chose oubliée depuis le collège : je la suis. Je ne peux m'arracher au spectacle de cette femme dansant de vitrine en vitrine, heureuse et forte, pointant de ses talons hauts le pavé poussiéreux, et descendant vers la Rabine, chevilles fines, longues jambes minces et, avec cette délicatesse, comme une puissance de cuirassier et le doux balancement d'un air de guitare au soleil.

Je suis le seul à la regarder. À la suivre. Serrée à la taille, la jupe volette à chaque pas, souple et légère, pour retomber pile, avec naturel, à chaque arrêt. Si cette femme tournait sur elle-même, la jupe aurait un lent mouvement d'hélice. Ou de ventilateur. Idées qui donnent chaud. Et, ondulant dans ses déhanchements, un sac porté main, comme une arme de poing.

Un temps, une voiture me la dissimule, elle disparaît, puis passe, je la retrouve. Sa tête remue comme si elle fredonnait, les cheveux relevés en chignon, le col d'un chemisier blanc au creux duquel elle a noué un foulard de soie dont les plis cachent, je suppose, un collier aux perles roulant sur la peau pâle et tiède, ça me rend dingue.

Voulant d'un coup tout savoir d'elle, je la suis jusqu'au port, où elle s'assoit en terrasse au Gambetta, pose son sac sur la chaise voisine, défait son foulard qu'elle noue à l'anse, lève la tête vers le soleil et, fermant les yeux, se redresse, tendant le buste. Puis, elle s'adosse en croisant les jambes, le mollet frôlant le mollet, la jupe remonte, découvrant un genou. En pantalon, elle n'aurait jamais eu ce geste aussi gracieux : montrer ses gambettes au Gambetta.

D'un coup, son visage s'éclaire. Elle lève un bras pour faire signe à quelqu'un qui s'approche.

Et ce quelqu'un, merde ! c'est Hélène.

12

La peur d'être surpris me fait remonter presto vers les halles, à l'entrée desquelles j'aperçois Fabrice Pilou, le mari de notre robuste bonne. Hélène et moi le connaissons depuis l'enfance – je veux dire depuis son enfance, car il a une bonne vingtaine d'années de moins que nous. C'est un brave type. Autant dire un idiot. Le regard ébahi, il marche à pas comptés, comme s'il remontait la nef de l'église Saint-Patern vers le chœur. Entre ses bras croisés, il semble bercer un bébé. À son air attendri, je vois qu'il berce ce qui, pour lui, est bien mieux qu'un bébé : il berce un rôti.

Fabrice Pilou est un illuminé de la viande. Sa précocité, je me rappelle, avait ému mon beau-père. Enfant, il bayait aux devantures des boucheries. Fasciné par la collection de couteaux, émerveillé par les cuisseaux de veau et les cuissots de cerf, enfiévré par la vue d'une épaisse entrecôte d'un beau rouge de Chine striée de gras à la douce blancheur de craie, il ne se sentait bien que dans une chambre froide, où il se recueillait avec une ferveur qui attirait les moqueries. Il ne se plaisait qu'en compagnie des viandes. Dès qu'il les quittait, il lui semblait que la vie rétrécissait. Il souffrait de ne pouvoir partager son extase aussi intensément qu'il l'aurait voulu. Nelly l'écoutait, bien sûr, mais plus patiemment que passionnément. Souvent, il se sentait bien seul. Surtout depuis que son patron avait raccroché feuille et tablier.

Après son CAP, Fabrice Pilou fait son apprentissage chez M. Guilloux, un des plus fins bouchers du Morbihan, compagnon d'enfance de mon beau-père. Vingt ans de bonheur. Puis, Guilloux prend sa retraite, vend son négoce à Fabrice, et les soucis commencent. Ténor de la blanquette, diva du tendron, virtuose de l'escalope panée, Pilou est un exécrable gestionnaire. Les clients désertent, les fournisseurs se plaignent, l'échoppe du marché est menacée. Mais ces tracas semblent ne pas toucher Fabrice, dont le regard s'illumine à la vue d'une cuisse de poulet.

Je le laisse filer, entre dans les halles et, d'un coup, je suis assailli. Il semble que tous les gens que je connais à Vannes se soient donné rendez-vous ici. Ils ont l'air déguisés, habillés en régatiers comme pour le point météo du Yacht-Club de Conleau avant la course. Ils portent des paniers et suivent, un peu hagards, leurs épouses impatientes des fruits de mer aux fromages. Ces types que j'avais, sinon bien connus, du moins côtoyés toutes ces années, avaient été des hommes importants.

Malgré leur enthousiasme un peu forcé, ils me semblent aujourd'hui sonnés.

« Alors, Bailly, on se la coule douce. C'est la vraie vie, vous allez voir. La retraite, c'est les grandes vacances. Seulement, pas de blagues, hein, ne vous laissez pas aller. Avec ma femme, tenez, je me suis inscrit au Bridge-Club. Si le cœur vous en dit… Ou le trèfle, ha ! ha ! ha ! Astuce ! Mais dites-moi, où allez-vous, comme ça ? »

« Tiens, mais c'est vous, mon vieux. Ah ! ça fait plaisir de revoir un ancien. Un vieux de la vieille. Il y avait longtemps. Que devenez-vous ? Ah ! oui, j'ai appris ça, vous vous êtes retiré des affaires. Comme moi. Place aux jeunes, pas vrai ? Comme dit ma femme, faut pas faire le match de trop. Mais si vous avez du temps de libre, venez au club senior, à la Chambre. Nous aidons les jeunes à s'installer. Et ils nous aident à ne pas nous sentir trop dépassés. Si vous avez le temps car, vous allez voir, en retraite, on est débordé. Mais au fait, où allez-vous comme ça ? »

« Le marché de Vannes, Bailly, il n'y a rien de mieux. Non, voyez, j'ai voyagé dans le monde entier, vécu dans pas mal d'endroits. Rien ne vaut la Bretagne et, en Bretagne, rien ne vaut le golfe du Morbihan. Nous avons de la chance de vivre ici. Ce qui manque, bien sûr, c'est des animations qui permettraient de se faire connaître sur le plan international. Que voulez-vous, ils ne veulent pas bouger ! C'est pas demain qu'on fera l'ouverture du journal de TF1. Mais au fait, mon cher, n'êtes-vous pas membre du Yacht-Club de Conleau ? Les régates vont reprendre, nous comptons sur vous ! Bon, je vous laisse, je vais chez Mme Chalm. Et vous, chez qui allez-vous ? »

J'en cite trois, je pourrais en citer dix. Cette nouvelle mode, chez le bourgeois, de se montrer au marché. Ce n'est plus un marché, c'est un club. On y parade en pantalon Glazik brique, docksides et veste de quart. On s'y retrouve entre gens qui savent vivre : faire son marché, c'est comme cirer ses souliers ou acheter ses cigares, il faut ne laisser cela à personne. Et lorsque tous mes interlocuteurs me demandent où je vais, c'est pour vérifier mes fournisseurs. À chacun les siens. Aller chez Wiand et aller chez Le Du, c'est pas la même chose. Les fournisseurs, c'est comme ses coins de pêche, on ne les révèle pas à n'importe qui.

– Je vais chez Pilou. Fabrice Pilou, le boucher. J'ai envie de paupiettes.

Voilà ce que je réponds, avec enthousiasme, à chacun des pépères. Et, chaque fois, je vois dans leurs yeux comme une lumière s'éteindre. Une gêne intense.

– Ah ! oui... ah ! bon... Nous, on n'y va plus. Vous comprenez, depuis que Guilloux n'est plus là... Et puis, maintenant, la belle-mère à la caisse. Non, c'est plus comme avant. Belle-mère à la caisse, gendre à la casse.

13

Lorsque je rentre à Baot, les paupiettes de veau dans une main, les recommandations pour les préparer dans l'autre, Hélène me rejoint dans la cuisine, les yeux brillants. S'adossant à un placard, elle me regarde trancher échalotes et oignons. On ne pleure plus en faisant ça, pourquoi ? Hélène allume une cigarette. Sans revenir sur sa sortie d'hier à La Bretesche, je lui raconte les malheurs de ce pauvre Pilou (« Il est pratiquement ruiné, tu savais ça ? »), tout en chauffant doucement un mélange d'huile et de beurre dans lequel je jette échalotes, ail et oignons, qui frétillent. Je verse un trait de muscadet, ça grésille, puis tout se calme. Je mets de l'eau à bouillir pour du riz, ensuite je libère les paupiettes de leur papier huilé.

Ça me rend toujours joyeux, les paupiettes. Le nom, déjà. Leur allure de bonbons. La ceinture de lard, les parfums de bébé et d'herbes tendres, l'air coquin sous la résille qui comprime leurs chairs rose et blanc.

Hélène pose deux verres sur la table. Une réconciliation, je suppose, mais je ne suis pas fâché. De l'armoire réfrigérée, je tire un autre muscadet, ces « Jardins secrets », austères et joyeux, de la maison Sauvion, comme on dit dans les romans de Christian Authier. Hélène aime le vin et le tabac. Ce qui m'assure que nous pourrons toujours nous accorder.

– Et, donc, devant tous ces malheurs qui s'abattent sur la maison Pilou, mon cœur a saigné et je me suis senti obligé de lui acheter quelque chose. J'ai essayé de faire du charme à la belle-mère. Ça n'a pas marché. Voilà, Hélène, tu sais tout.

Je dépose avec douceur les paupiettes sur le matelas d'échalotes et d'oignons et remets le couvercle, qui claque comme des cymbales.

– Et toi, qu'as-tu fait ce matin ?

Elle hausse les épaules :

– C'est bien d'aller au marché, Pierre. Je te signale tout de même que Nelly apporte la viande quand elle prend son service. Je la paie à la fin du mois. Mais c'est vrai, je me fais beaucoup de souci pour les Pilou. Raison de plus pour leur acheter la viande directement : l'argent leur tombe droit dans la poche. C'est la pièce du boucher, tu vois ?

– Entendu. Mais dis-moi, Hélène, qu'as-tu fait ce matin ?

Elle se trouble à peine dans son mensonge, ne tremble pas, me regarde droit dans les yeux.

– Comme d'habitude, Pierre, dit-elle sèchement, je n'ai pas bougé d'ici. Tu sais bien que je ne sors jamais le matin, ajoute-t-elle avec humeur.

Elle doit sentir mon ricanement. Elle a un bref regard sur le papier huilé des paupiettes. Elle nous ressert un verre de muscadet et attaque, avec une mauvaise foi qui m'enchante alors que je ne dis pas un mot :

– Ne détourne pas la conversation, Pierre, s'écrie-t-elle. Je voudrais revenir sur ta sortie d'hier, car je n'ai pas terminé ce que j'avais à te dire. Je ne voulais pas faire attendre le taxi. On ne se sent pas libre de parler quand le compteur tourne. Mais la situation actuelle, que tu as créée par ton retour, demande de moi des efforts que je n'ai nullement l'intention de faire. Je n'ai pas envie d'être confrontée à un nouveau Pierre Bailly, inconnu de moi et que, peut-être, je ne vais pas aimer.

– Je ne te demande pas de m'aimer, Hélène. D'ailleurs, je ne te demande rien.

– Même pas mon avis.

– Non, en effet. C'est une décision qui me regarde. C'est ma vie.

– Donc, ça n'est pas la mienne. Et je n'ai pas à m'en occuper.

– Sauf que nous sommes mariés.

– Et, donc, que tu aurais dû m'en parler. Tu n'as pas le droit d'arrêter, Pierre.

– Même si je suis malade ? Même si je suis fatigué ?

– Même. *(Hélène adossée au placard, une nouvelle*

cigarette à la main : petit cours magistral.) Être fatigué ou malade, c'est un prétexte, pas une bonne raison. Tout le monde est malade. Schubert était malade. Dostoïevski était malade. Proust était malade. Renoir était malade. Tous ont dépassé leur maladie pour et par le travail. C'est ce que tu dois faire.

Pendant ce temps, les paupiettes chauffent trop fort. Nouveau coup de muscadet pour calmer les mignonnes. Me calmer moi aussi, et je réponds :

– Sauf que rater un tableau, un livre ou un lied, ça n'est pas grave. Aucun risque, pas une conséquence. Il est plus dangereux, quand on est malade, de diriger un groupe de trente mille personnes. Et puis, c'étaient des génies, tes copains. Ils ne s'obéissaient pas. Ils ne se commandaient pas. Moi, je ne suis pas malade, je suis fatigué.

Et je m'assois. Hélène lève les yeux au ciel :

– La fatigue n'est qu'une maladie.

– Qui se soigne par le repos, justement. Je me repose. J'en ai le droit et j'en ai le devoir. Il faut passer la main. Je ne comprends plus mon époque, je deviens bête, aigre, réac. Donc, je me retire, c'est plus prudent pour tout le monde. D'ailleurs *(je porte la main à mon pectoral droit, euh non, le gauche)*, je me demande si je n'ai pas un problème cardiaque. Je suis rapidement essoufflé.

Petit rire d'Hélène :

– Ton cœur est en excellent état, Pierre.

– Forcément, il a si peu servi. Allons, je plaisante. Et

puis, vois-tu, je trouve que la vie est une pièce dont il faut vivre tous les actes. J'ai envie d'évoluer dans mon emploi, de vivre pleinement tous mes âges, de ne pas m'accrocher bêtement à une jeunesse qui s'éloigne tous les jours et que je ne sens plus en moi. Je ne devance pas l'appel, je suis le mouvement.

– Mais à quoi vas-tu passer ton temps ? Il faut tellement de talent pour ne rien faire.

– J'apprendrai.

14

Un temps, j'ai bien pensé à cette femme qui dansait dans les rues de Vannes à la rencontre d'Hélène. Mais pas longtemps. Lâcher prise reste encore la meilleure manière de vieillir : regarder les femmes, les laisser passer et rêver d'elles. Je veux faire de ma vieillesse un chef-d'œuvre. Non, ça c'est un grand mot : je veux la vivre comme une ardente aventure. Ne pas l'escamoter comme le font la plupart des gens. Savourer le temps qui reste et qui, comme dans l'enfance, semble ne pas passer tout en filant si vite.

Hélène est dure et lointaine. De temps en temps, je surprends son regard exaspéré. Elle sursaute quand elle me voit, grogne quand je la salue, fuit quand j'approche. Charmante enfant. Si j'avais tenu à ses marques d'affection, j'aurais pu souffrir.

Je me fiche bien du manège d'Hélène qui pourrait ne pas me voir du tout mais cherche juste à me croiser pour montrer combien ma présence lui pèse.

Or, je fais tout pour l'éviter. Je prends mes petits

déjeuners au Roof, mes déjeuners chez Le Strat ou Régis Mahé, près de la gare, dîne d'une soupe, d'un morceau de fromage et d'une pomme et passe mes premières journées à l'installation de mes appartements que je fais aménager dans les anciennes chambres des enfants.

Il faut expliquer que la maison, construite de plain-pied au bord de l'eau, dans un vaste morceau du parc que les châtelains voisins, René (†) et Françoise de Pen Hoël (il faut prononcer *Pain-houx-aile*) m'avaient cédé, voici vingt ans, une année de débine, est ordonnée de quatre espaces reliés par des corridors et pratiquement indépendants. À l'origine, un coin pour les parents, un pour les enfants, un pour la vie domestique, le dernier pour les réceptions. Hélène ayant annexé ce que mon beau-père appelait *votre nid* devant elle et, avec un clin d'œil, *le baisodrome, hé ! hé ! hé !* devant moi, je me suis replié chez les enfants où, cassant les cloisons, j'ai fait installer une (petite) chambre à l'ombre et une (grande) bibliothèque au soleil, histoire de passer mes journées sur un canapé, face à la mer.

J'ai aussi prévu une petite cuisine afin d'être indépendant, comme me l'a demandé Hélène. Que j'invite, les travaux terminés.

– Est-ce que tu veux me faire croire, Pierre, que tu comptes passer ici le reste de ta vie ?

– Si tout va bien, oui, Hélène, c'est mon idée. Et même mon ambition. Ce dont j'ai rêvé toute ma vie : une bibliothèque au bord de la mer. Des murs couverts de livres m'ont toujours semblé être le comble de la paix, c'est-à-dire du bonheur. Vivre dans une bibliothèque a toujours été mon idéal. Il est temps, à mon âge, de me rapprocher de cet idéal.

– Mais... tous ces livres...

Ayant à peine touché au champagne, Hélène inspecte la bibliothèque. Il y a dans son allure, dans son regard, tour à tour de la curiosité, de la colère, de l'enthousiasme, de la méfiance.

– D'où viennent tous ces livres ? Les as-tu lus ? Qui te les a achetés ? Je ne les ai jamais vus nulle part !

Rien de vraiment exceptionnel : les lectures de toute une vie. J'ai toujours gardé la chambre que j'avais occupée, rue de La Tour, lorsque j'étais étudiant. Je la louais depuis près de cinquante ans. J'aurais pu l'acheter, bien sûr, et l'immeuble avec, mais j'étais heureux d'avoir préservé un endroit de ma jeunesse où personne d'autre que moi n'était jamais entré.

Tout à coup, Hélène se met à rire, hausse les épaules :

– Mais tu te moques de moi, Pierre. Ils viennent de la brocante, ces livres. De chez un bouquiniste. Achetés au mètre. Ils ne sont même pas classés.

– Tu te trompes, chérie, ils le sont.

– Mais...

La voilà tout éberluée. J'explique :

– Ordre chronologique de lecture. De la première à la plus récente. Tu remarqueras que, chaque fois, j'ai noté la date et le lieu où j'ai terminé ma lecture. Tiens, regarde. Premier livre, *Robur le Conquérant* le 14 août 1957 à Saint-Fargeau. Et ainsi de suite jusqu'à ces admirables *Autos tamponneuses*, que je finirai aujourd'hui même tant ce livre m'enchante.

Toujours, j'ai eu un livre sur moi. Un seul, que je lisais à mes moments perdus. Tous ces temps morts de la journée – où l'on attend un rendez-vous, une réponse, un taxi, que le garçon vienne prendre la commande, que le café refroidisse ou qu'Hélène soit prête –, par lesquels la vie s'envole, eh bien, par les livres, ces temps morts étaient vifs et ces moments perdus gagnés.

Dans le milieu que je fréquentais, qui se croyait important, et dans ma génération qui prétendit changer le monde, la lecture était assez mal vue : il fallait vivre vite, à l'américaine, comme le facteur de Jacques Tati, feuilleter journaux et magazines mais ne pas lire de livres – les résumés suffisent – et surtout pas de romans, réservés aux bonnes femmes, futiles, sentimentales et rêveuses, comme chacun sait. Les gens sérieux ne lisent pas de romans, mais les gens sérieux sont-ils sérieux ?

Chaque semaine, je passais rue de La Tour déposer ceux que j'avais finis. Il y en a exactement quatre mille cent soixante, je n'en ai perdu aucun. Toute ma vie est dans cette bibliothèque, forte comme une muraille, diverse comme une armoire à pharmacie, ondoyante, vivifiante et souple comme la mer. Et moi, au milieu, libre et heureux devant Hélène, furieuse, qui tourne aussitôt les talons et quitte la maison.

Ma bibliothèque est celle d'un homme d'affaires de la deuxième partie du vingtième siècle. D'un bourgeois. J'ai oublié la plupart des livres que j'ai lus comme la plupart des vins que j'ai bus, mais ils sont en moi et m'ont, sinon transformé, au moins affiné. Je me rappelle avec plus d'intensité la promenade à cheval du prince André au matin de la bataille de Schoengraben, « La voilà donc, cette bataille » ; le moment où les frères Quesnay prennent la place des ouvriers grévistes pour faire tourner la filature ou celui où sa mère achète au petit Louis des souliers jaunes qui coûtent si cher avec plus de netteté que certains épisodes de mon existence. La littérature, c'est la vie dont on a éliminé temps morts et lenteur ; en principe. Voilà pourquoi les moments où on a lu restent en nous intensément. On vit mal parce qu'on est distrait. Si la démarche de la femme en robe, l'autre jour, dans les rues de Vannes, m'a tellement ému, dans la lumière du matin, c'est que je n'avais plus l'esprit fourbu de ces parasites qui nous empêchent d'être à ce qui doit nous charmer.

La seconde chose qui me frappa, au cours de ces flâneries dans ma bibliothèque, fut l'affadissement de l'époque. On publiait jadis des livres qui seraient aujourd'hui, sinon brûlés, au moins grillés. On en discutait, mais on acceptait leur existence. N'être pas d'accord faisait partie des plaisirs de la vie.

On manque d'air et de hauteur, que s'est-il passé ? La vie était si douce, autrefois, si libre, si grisante que tout paraissait possible. On pouvait écrire et dire ce que bon nous semblait. On pouvait rire et fumer, boire et chanter. Les ministres ne se ruaient pas sous les caméras à nos chevets à la moindre écorchure. Nous n'avions pas besoin de cellules psychologiques pour surmonter nos drames. Nous étions plus forts. Nous n'avions pas peur.

Je ne me reconnais plus dans cette époque et je n'ai plus l'âge de la combattre. Je n'ai plus que celui de m'en foutre. Voilà pourquoi je me suis retiré d'un temps où même Marcel Proust serait publié avec les précautions d'usage.

15

Marcel Proust, précautions d'usage

« [Ma mère] envoya chercher un de ces gâteaux courts et dodus appelés Petites Madeleines[1] qui semblent avoir été moulés dans la valve rainurée d'une coquille de Saint-Jacques[2]. Et bientôt, machinalement, accablé par la morne journée[3] et la perspective d'un triste lendemain[4], je portai à mes lèvres une cuillerée du

---

1. Attention au sucre et au cholestérol (loi du 6 décembre 1985). Lavez-vous les mains avant de manger (loi du 23 mai 2009). Et brossez-vous les dents après.

2. Attention à la pollution. Ne pissez pas dans la mer. Et respectez la Date Limite d'Utilisation Optimale (loi du 4 juillet 2009).

3. Mangez cinq fruits et légumes par jour pour lutter contre la déprime (décret du 22 janvier 2006).

4. Pour lutter contre la dépression, bougez-vous, mais lavez-vous les pieds après (loi du 7 septembre 1987).

thé[1] où j'avais laissé s'amollir un morceau de madeleine. Mais à l'instant même où la gorgée mêlée des miettes du gâteau toucha mon palais[2], je tressaillis[3], attentif à ce qui se passait d'extraordinaire en moi. Un plaisir délicieux m'avait envahi[4], isolé[5], sans la notion de sa cause. »

---

1. Attention, selon la loi du 31 octobre 2001, le thé est un excitant inscrit au répertoire des drogues.
2. Selon la loi du 9 mai 1997, n'oubliez pas de vous laver les dents après chaque repas. Et changez régulièrement de brosse à dents.
3. Selon la loi du 3 juin 1998, attention à votre cœur.
4. Attention aux drogues.
5. Appelez SOS Solitude.

16

Je vois peu Hélène et passe des heures exquises dans ma bibliothèque à mettre mon passé en ordre. Sans la surveiller, et comme malgré moi je sens, au fil des semaines, la vie de ma femme aussi régulière que les marées qui battent ma porte. J'avais toujours considéré Hélène comme une plante d'appartement ; c'est-à-dire que je ne l'avais jamais considérée. Là, je la regarde vivre. C'est plus que distrayant : c'est fascinant.

Bien sûr, je suis étonné de la voir sans chiens. Dès que nous nous sommes installés à Baot, Hélène fut entourée de ces épagneuls que lui donnait Françoise de Pen Hoël. Il y avait eu Bob, bien sûr. Mais aussi Fric et Frac, Mic et Mac, Nelson (un braque de Weimar offert par le comité d'entreprise) et Napo, un corniaud qu'elle avait recueilli. Les deux derniers, Tambour et Trompette, étaient morts il y a un an, et elle ne les avait pas encore remplacés, ce qui n'était pas dans sa pratique habituelle. Ordinairement, trois mois après sa mort, chaque chien était, non pas remplacé, mais prolongé par l'arrivée d'un chiot neuf, pissant partout, mordant les meubles et léchant le nez de tout le monde. Hélène détestait ceux qui n'aimaient pas les chiens, montrait le plus grand mépris envers qui en avait peur et lui conseillait un psychiatre, ce en quoi elle avait raison. N'ayant plus personne à promener dans le parc, Hélène ne se promène plus. Mais elle a gardé la régularité de ses autres activités.

L'heure où elle se glisse au piano (je mets alors un disque ou regarde un vieux film), l'instant où elle en referme le couvercle. Le son de sa voix à l'arrivée de Nelly. Le bruit de sa voiture qui part (trop vite), en début d'après-midi tous les jours, même le samedi, même le dimanche. Sa façon de caler devant la grille (« Vraiment, il met un temps fou à s'ouvrir, ce portail, il faut le faire régler, depuis le temps que je le dis. – Il ne peut pas s'ouvrir plus vite, Hélène. – Alors, laissons-le ouvert, c'est pénible. – L'assurance ne le permet pas, tu le sais bien. » Elle le sait depuis vingt ans, ça l'agace depuis vingt ans), et son retour, trois heures plus tard, les yeux un peu rouges, le regard perdu, je ne lui pose bien sûr aucune question et refuse de m'en poser à moi-même.

Je réussis une seule chose, au cours de ces semaines, un rituel : dix-neuf heures, champagne. Tous les jours. Tous les jours une bouteille nouvelle, une seule, au gré de notre cave. Il y a des gens qui visitent les châteaux de la Loire, nous visitons la Champagne par ce qu'elle fait de mieux : ses vins. Et nous buvons en silence, seul le pétillement, sans nous permettre de ces commentaires que les amateurs se croient tenus de faire, ce qui m'a toujours paru aussi grossier que de parler pendant un concert. Hélène et moi nous livrons au vin de Champagne, qu'un seul mot transformerait en infecte bibine. J'aimerais alors lui parler des enfants, mais je n'ose pas. Pas encore. C'est trop tôt. Notre façon de nous retrouver, désormais : nous griser en silence. Voilà le mariage : des roses par douzaines, puis cirrhose ?

Lassé de lire et m'ennuyant parfois un peu, je reprends mon vélo. Plus exactement, j'en achète un neuf chez Le Mellec. Le plus cher, bien sûr, n'y connaissant rien : une manie, chez moi. Et, coiffé d'un de ces casques de mousse qui semblent avoir été moulés sur un cerveau de footballeur, je me mêle aux rougeauds vêtus de maillots multicolores et tâche de ne pas me faire distancer.

Conleau – Meucon – Plaudren – Le Croiseau – Cadoudal – Plumelec – Saint-Aubin – Lizio – Cruguel – Guéhenno – Megris – Sainte-Allouestre – Le Bignon – Locqueltas – Meucon – Conleau et autres litanies, je dévale, avale, force le vent et me laisse porter tour à tour de village en lieu-dit, sans parvenir à retrouver les sensations physiques d'autrefois.

Cela ravive une morsure que je croyais refermée. J'avais, dans ma jeunesse, fait partie d'un club cycliste. Nous roulions en vallée de Chevreuse, épaule contre épaule, camaraderie virile, on voit le genre, la fraternité du sport, cette foutaise. Peu m'importait, j'y croyais : c'était mon groupe, ma bande, mes potes, et nous étions heureux. Peu à peu, pourtant, j'avais senti une fraîcheur, puis une hostilité. On s'élança sans moi après m'avoir trompé sur l'horaire de départ. On pissa par inadvertance sur ma musette, puis dans ma gourde. Les échappées se firent sans moi, puis contre moi. Et je crevais à une cadence jamais connue encore.

C'est que, par ingénuité, j'avais acheté le matériel le plus flamboyant, devant lequel bavaient, sans pouvoir se l'offrir, les meilleurs jarrets du club. Hé oui, les jarrets bavaient, tableau ! Or, j'étais très loin d'être un maillot jaune. Résumons : dans le club, le champion était mal équipé, le tocard trop bien. Et on avait pris pour crânerie ce qui n'était chez moi que modestie et désir d'être aimé. Je ne savais pas encore que les hommes ne peuvent aimer que ceux de leurs semblables sur lesquels ils se sentent une supériorité, même indirecte : on admire Anquetil, mais on aime Poulidor.

J'ai dit tout à l'heure que, comme mon beau-père Robert « Call me Bébert » Maudet, lui par mauvaise, moi par bonne éducation, j'étais partout à mon aise, et avec tout le monde. Cela n'est pas tout à fait vrai : je n'avais pas été à mon aise parmi les sportifs, et surtout les cyclistes. Il m'en est resté une tendresse pour les timides, les bafouilleurs, les rougissants, les paumes moites, les complexés de leur enfance, les gaffeurs, les maladroits. S'ils le sont, c'est qu'ils ont bougé, c'est qu'ils ont pris des risques, c'est qu'ils ont voyagé sans rester, comme le disait Barnabooth, près de leurs excréments, sans jamais s'ennuyer. Ils n'ont pas cette bonne éducation qui est un vernis, une armure, une glace : un isolant.

Le seul ami qui me soit resté du club cycliste est André Le Strat, dont le manque d'ambition et de désir de reconnaissance sociale a toujours fait ma joie. « Pourquoi, répétait-il, rechercher le succès, l'ébahissement des ignorants, l'admiration des incapables ? Pourquoi pas la popularité, tant qu'on y est ! Rien à foutre, mon vieux. Rien n'est dégueulasse comme la popularité. Parfaitement dégradant. Je préfère mille fois à ces conneries l'estime d'un petit nombre et l'amitié de quelques-uns. »

Après avoir épluché les pommes de terre chez Fernand Point, récuré les casseroles de la mère Brazier et balayé les cuisines de la mère Blanc, il se détourne de la piste aux étoiles qu'est devenue pour lui la cuisine française et ouvre une cabane à huîtres sur les rives du Vincin. Une baraque peinte en blanc, avec volets bleus, terrasse, filets de pêche aux murs et quelques chaises. Trente couverts. Un bistrot de pêcheurs et d'éleveurs. Le Strat fait son marché dans les fermes alentour et ça va bien comme ça. Les bateaux s'amarrent au ponton. Il n'y a pas de carte, juste une ardoise avec la pêche du jour et quelques viandes. On ne réserve pas. Quand une tête ne revient pas à la patronne, elle dit que c'est complet. Et on reste entre soi.

J'arrive à vélo en ce clair jour de juin. Monique Le Strat, qui a le sens de la respectabilité, trouve souvent son époux trop familier avec la clientèle. Mais, avec moi, elle le sait, c'est à la camarade. Aussi, un peu intimidée (je l'impressionne), se tient-elle à distance, me laissant papoter avec mon vieux copain, que je sens peu chaleureux, aujourd'hui, qu'ont-ils donc, tous ?

– Ça va comme tu veux ?

– Je suis comme tout le monde, André : rien ne va comme je le désire, mais tout va comme je le veux. L'embêtant, c'est que je ne veux plus rien. Et, donc, je ne vaux plus grand-chose.

Dédé rigole un coup. Son bon rire. Mes grandes phrases l'ont toujours amusé. Mais vite passe comme une ombre, sa voix devient grave :

– Au fait, tu as appris, pour la boucherie Pilou, Pierre ? Fabrice va être obligé de fermer, d'aller travailler dans la grande distribution. Incroyable. Je me demande qui va me livrer, maintenant. On ne trouvera plus de bonne viande.

– J'ai appris, oui, enfin, vaguement.

– Hélène ne t'a rien dit ? Ça m'étonne. Elle est très remontée.

– Si, si, elle m'en a touché deux mots.

Je mens mal.

– Tu y es allé un peu fort, non, tu crois pas ?

– Moi ? Euh…

– Enfin, on ne va pas se fâcher. Pas aujourd'hui. Mais je t'en reparlerai un de ces quatre, si tu veux bien.

Monique s'est éloignée vers la terrasse où ont été disposées plusieurs tables et une grande vasque remplie de glaçons où baignent des bouteilles de champagne. Les mondanités font bicher Mme Le Strat. À recevoir des gens brillants, dont on voit parfois les photos dans *Ouest-France* ou *Le Mensuel du Golfe*, elle frétille, heureuse, contrairement à son mari dont l'humeur ronchonne accentue le côté rustique de l'endroit.

– Vous attendez quelqu'un, Dédé ?

– Peuh ! une bande de snobinards. Monique, ça lui plaît. Pour un peu, elle se mettrait une coiffe en dentelle pour faire typique.

En effet, Monique Le Strat se penche, toute joyeuse, par-dessus la balustrade. Elle agite la main. Elle a revêtu une jupe noire, un chandail noir assez collant et son petit tablier de linon blanc bordé de dentelles. Le genre soubrette accorte. Elle a fait hisser le Gwen a Du.

La terrasse se remplit. Une dizaine d'hommes en pantalon blanc, blazer bleu marine, cravate à rayures saumon céladon ; autant de dames, pantalon blanc, veste de lin, carré Hermès. Je ne connais personne, mais je reconnais dans le groupe la jeune femme en robe que j'avais vue danser dans les rues de Vannes à la rencontre d'Hélène.

Elle fait semblant de s'amuser avec sa bande que je regarde avec stupeur de la table où m'a conduit Le Strat. Qui sont ces gens ? Pharmaciens, notaires, chefs d'entreprise, journalistes, marchands de vins, vendeurs d'habits, médecins, bref, des gens qui se disent qu'ils ont bien réussi dans la vie et tiennent à le montrer, surtout à eux-mêmes. Ce besoin de parade. Décidément, je ne crois plus à la société, moi qui ai passé ma vie à en créer. À Le Strat, venu m'annoncer qu'il me servirait une araignée et un turbot :

– Qu'est-ce que c'est que ces cadors ?

Il hausse les épaules :

– Des amis de Monique. Ils fêtent un départ en retraite. Je peux me renseigner, si tu veux.

– Surtout pas. Dis donc, tu as changé, Dédé. Il y a cinq ans, tu les aurais foutus à la porte.

Il éclate de rire, un peu embarrassé. Puis, me regardant droit dans les yeux et m'engueulant presque :

– Oui, sûrement, mais il me font un peu pitié, tu sais. La retraite, pour ces gens-là, c'est une première mort. Ne sois pas si dur, Pierre.

Regroupés près des bouteilles, les hommes rient fort et se tapent dans le dos. Engoncés dans leur blazer, gênés par leur cravate, suant déjà des aisselles, prêts à se gratter les couilles : des hommes. Et puis, parmi les femmes accoudées à la balustrade, l'amie d'Hélène, un peu à l'écart, ayant posé son verre et regardant vaguement au loin, les bras croisés.

Pourquoi se croise-t-on les bras ? On se croise les bras quand on est sage. Quand on est seul. Quand on a peur. Quand on a froid. Quand on n'est pas sûr de soi. Quand on ne veut pas tomber. Quand personne ne vous serre contre lui. Je n'ai jamais pris personne dans mes bras (« Quelle sensiblerie déplacée, Pierre ! » aurait dit Hélène) et j'ai, envers cette femme, comme un élan que je me maudis d'être contraint de réprimer.

Je sens bien que, tout en feignant de bavarder et de s'amuser avec ses amis, elle jette de temps en temps un regard à ma table. Je me dis que je n'ai qu'à faire un signe, un geste, qu'à dire un mot à Le Strat pour bondir sur la terrasse, mais je ne le fais pas. Je me félicite de cette araignée qui m'oblige à baisser la tête et à jouer de ces instruments pour décortiquer l'animal. Je me flatte, sans doute, mais j'ai l'impression que cette femme hésite à se détacher du groupe pour venir me saluer. Un simple sourire de ma part suffirait, mais je ne bronche pas et ne laisse aucune chance à l'araignée que je nettoie avec patience et frénésie.

Entre cette femme et l'araignée de mer, c'est l'araignée que j'ai choisie, mais je ne quitte guère la femme des yeux. Je la regarde comme une étrangère, comme quelqu'un qui détonne dans ce groupe de fêtards. Elle s'efforce à la gaieté. Il y a en elle un air de souffrance que je n'aurais jamais imaginé, et il me semble voir quelqu'un de nouveau. Un être à part. Une mélancolie parmi ces gens qui se croient distingués. N'est-ce pas aussi cela, la vulgarité : se croire supérieur aux autres ? Sa tristesse me touche, son regard un peu las, sa façon de prendre sa respiration pour répondre à quelqu'un. Ce groupe me fascine. Je ne sais pas qui sont ces gens, je ne les connais pas, je ne sais pas quelle est leur place dans la société, le travail que fait chacun d'entre eux, mais – comment dire ? – je ne me sens d'affinités avec aucun. Sauf avec cette femme qui semble avoir tout pour être heureuse, sauf le goût, la force et la volonté de l'être.

Comme je fais le mouvement de me lever Dédé Le Strat resurgit :

– Tu ne nous quittes pas comme ça, Pierre. Pas sans un dessert. Après l'araignée et le turbot, je ne vois pour toi qu'un baba. J'ai un rhum merveilleux, un Bailly 1979, c'est tout à fait pour toi, ça, hein ! Avec ça, tu peux tout affronter.

– D'accord pour le rhum. À condition de pouvoir ajouter ceci.

De ma poche, j'ai sorti un havane qui fait tiquer Le Strat.

– Je ne peux te refuser ce plaisir, Pierre. Mais tu sais dans quelle société policière nous vivons. Je vais t'installer sur la terrasse. Tu seras avec les gens chic.

– Alors, apporte-moi un peu de fromage, du pain, du beurre en attendant. Et du Perrier. Rien ne vaut l'eau de Perrier pour accompagner un cigare.

On m'installe sur un coin de terrasse. Après avoir pris un peu de gorgonzola sur beaucoup de beurre, je coupe un de ces Partagas D4 qui se fument partout sans problème. Bien que la brise emporte la fumée loin du groupe, une femme se met à tousser. Un homme titube vers moi ; le genre rougeaud qui aime l'ail et le rosé.

– Excusez-moi, monsieur, pourriez-vous éteindre votre cigare ?

Petit rire :

– Quelle idée, je viens de l'allumer ! D'ailleurs, on n'éteint pas un cigare, monsieur, on le laisse s'éteindre.

– Alors, pourriez-vous le laisser s'éteindre ?

– Tiens, et pourquoi donc ?

– Il gêne ces dames.

– Qu'en savez-vous ?

– Ma femme tousse.

– Alors, prenez-la dans vos bras. Je n'y suis pour rien, et mon cigare non plus. D'ailleurs, la fumée va dans le sens exactement opposé, et nous sommes en plein air.

Je suis resté assis, mais j'ai pris un ton un peu sec, un peu fort, pour signifier au rougeaud cravaté que ça va bien comme ça. Mais l'autre prend ses amis à témoin :

– Je suis médecin, monsieur. Le tabac est néfaste pour la santé.

– Tout comme le vin, si on en abuse. Question de dose, docteur. Fumer, c'est comme boire, il suffit d'y mettre du talent. Et le talent, on l'accroît par le travail, le temps, la connaissance. Il faut de l'entraînement à tout et, voyez-vous, je m'entraîne. C'est délicieux, vous savez.

– Mais je ne vous force pas à boire.

– Ni moi à fumer.

– Sauf que vous nous imposez votre fumée.

– Et vous votre haleine. Sans oublier votre vue, qui me tape sur les nerfs. Et qui donc est néfaste à ma santé.

– Nous avons retenu la terrasse. Nous l'avons louée, je veux dire. C'est donc une terrasse privée où nous ne voulons pas être importunés. Je vous demande d'aller fumer ailleurs, car nous sommes ici chez nous.

Je me lève.

– Alors, allez vous plaindre à Le Strat, c'est lui qui m'a installé ici. Et foutez-moi la paix.

Cette algarade, qui n'aura pas de suite, provoque une sorte de scission dans la bande des cravatés ; les uns trouvant que le docteur Le Bur en fait trop, comme toujours quand il a bu, les autres trouvant qu'il a bien raison et que, puisqu'ils avaient retenu la terrasse, ils n'avaient pas à se faire envahir. Début de querelle à laquelle Le Strat met fin en faisant desservir :

– Vous avez retenu jusqu'à quinze heures, monsieur

le Président, dit-il à un avocat qui prenait sa respiration pour lui dire son fait, et il est l'heure.

– Vous nous mettez à la porte, je vois. Très élégant.

– Pas du tout, mais je ne peux refuser l'accès de la terrasse à ceux de mes clients qui en font la demande. De plus, M. Bailly est un habitué. Et un ami.

– Bailly ? Vous voulez dire Pierre Bailly ?

– En personne.

De rouge corail courroucé, le visage de l'avocat devient jaune huile.

– Oh ! mais alors ça change tout, je vais aller le saluer.

– Je ne pense pas que cela soit une bonne idée. M. Bailly m'a bien dit qu'il ne voulait pas être dérangé.

– Pourtant, il n'est pas seul.

– Certes mais, apparemment, Natalie Lawton ne le dérange pas.

17

De fait, la jeune (jeune ? plus jeune que moi, donc jeune) femme avait profité de la confusion ambiante pour venir se présenter comme « une amie d'Hélène, qui m'a beaucoup parlé de vous. Je crois d'ailleurs que nous devons nous voir bientôt à un dîner à Baot ».

Première nouvelle.

En me levant, j'avais hésité à jeter mon cigare, comme le fait le père du Narrateur quand il croise dans la rue la duchesse de Guermantes ; ce qui m'a toujours paru une pose. Je garde donc le havane, invite la dame à s'asseoir pendant que Monique Le Strat (un peu pincée) pose sur ma table un baba, une coupe de chantilly et deux bouteilles de rhum, « la première pour le baba, la seconde pour vous ». Avisant, de l'autre côté de la terrasse, Le Strat tenant tête au médecin qui m'a querellé, je demande :

– Est-ce votre mari ?

Elle éclate de rire :

– Oh non ! Non, Dieu merci, ce n'est pas mon mari !

– J'en suis heureux pour vous.

Elle baisse la tête :

– Le mien est pire, murmure-t-elle. Puis, plus haut : Je plaisante, bien sûr.

– Non, vous ne plaisantez pas. Il est là ?

Elle ne répond pas.

– Vous ne devriez pas rester avec moi, Natalie. Vous allez vous faire mal voir, vous savez.

– Non, mon mari n'est pas là. Il est retenu par son travail. Et puis ce n'est pas vous qui m'intéressez, c'est le baba.

– Il est à vous.

– Et vous ?

– Moi aussi. Euh, non, pardon. Le Strat va m'en apporter un autre.

Je lève le bras. Natalie plonge la cuillère dans la pâtisserie, en regardant le petit groupe qui fait bloc autour du médecin.

– Ce sont vos amis ?

Elle ne répond toujours pas. Sans la saluer ni l'avertir de leur départ, ils descendent vers leurs bateaux. Manière de leur dire qu'elle ne fait plus partie de leur camp. Comme moi, autrefois, avec mon groupe de cyclistes. Elle baisse un peu la tête, soupire mais les laisse partir.

– Tout de même, murmure-t-elle avec un sourire un peu triste, ils auraient pu insister. L'un d'entre eux, surtout. Celui qui m'a invitée.

– Qui est-ce ?

Elle me dit un nom à l'oreille, j'ouvre de grands yeux :

– Jamais entendu parler. Non, je vous le promets. Pourquoi vous mentirais-je ?

– Il est très connu ici, mais je vous crois.

18

Les élégants remis à l'eau, Dédé Le Strat revient vers nous en se frottant les mains et riant tout seul. Il semble aussi heureux que s'il avait repoussé les Grecs des murs de Troie. De la terrasse, nous voyons toute la mer immense où s'enfuient les quillards.

– Ils vont goûter à Berder, dit Natalie.

– Vous riez !

– Parce que je suis mieux ici.

– Ce sont pourtant vos amis.

– Surtout ceux de mon mari. Enfin, plus exactement ceux dont mon mari aimerait être l'ami. Il a fait des pieds et des mains pour être invité à cette croisière, il l'a été mais, au dernier moment, on l'a convoqué à une réunion au Sénat. La présentation d'un rapport important, il n'a vraiment pas pu y couper. Drame. J'ai donc été chargée de les séduire à sa place. Je n'y suis pas vraiment arrivée, ça va encore faire de ces histoires !

Et elle rit encore, de toutes ses dents, comme on ouvre une fermeture Éclair.

Calée dans le fauteuil, elle met les pieds (« Je peux ? – Je vous en prie ») sur une chaise. Sous le lin blanc, je devine les jambes qui m'avaient ému, l'autre matin, rue Saint-Vincent, puis à la terrasse du Gambetta. Elle a ce même geste de tendre le buste vers le soleil, et ce sourire lavé de la contrariété de tout à l'heure. Les lèvres moites de rhum, vision insupportable et délicieuse.

Pour me ressaisir, je me dis que, autant le champagne, cette légèreté qui électrise, va bien à Hélène, autant l'engourdissement du rhum semble convenir à Natalie, abandonnée à l'humeur du moment et n'y accordant pas plus d'importance qu'à celle qui va suivre. « Qu'est-ce donc que des jours pour valoir qu'on les pleure ? Un soleil, un soleil. Une heure, et puis une heure. » Ces vers de Lamartine, version 1830 de l'Ecclésiaste, ont toujours été ma pratique. Voilà pourquoi, sans doute, je ne ferai rien de ma vie. J'y ai juste tenu ma place, comme Natalie parmi les yachtmen, tout à l'heure, à la demande de son mari.

– Votre mari, c'est Lawton, c'est ça ? Jean-Charles Lawton ? Le pharmacien ?

Ce brave Dédé, toujours lourdingue. Le visage de Natalie se défait comme un pare-brise qui se fendille. C'est assez marrant à voir, on voudrait un ralenti. Elle approche la main du verre que je remplis en hâte, boit une longue gorgée.

– Pharmacien, oui. Mais il n'a pas d'officine. En fait,

il conseille les pharmaciens. Pour leur aménagement. Et dans leurs rapports avec le ministère et les labos.

Dédé grogne. Dans ce grognement, une approbation. C'est un gars qui aime bien savoir à qui il a affaire.

– J'en ai entendu parler.

Petit rire amer :

– Qui n'en a pas entendu parler ?

Je manque de dire « moi ! », mais cela n'amuserait pas.

– Et vous, poursuit Le Strat, vous êtes dentiste, c'est ça ?

– Oui. À Larmor.

Il y a vingt-cinq ans, Jean-Charles Lawton n'avait eu qu'à paraître. Ce bel animal affolait et saccageait tant le campus de Rennes que Natalie voulut l'avoir comme on s'offre une friandise. Elle y mit entêtement et ruse, l'emporta sur toutes ses rivales, ha ! ha ! ha !, vertes de rage, ces connes et, lorsqu'elle sortit de l'église à son bras, il lui sembla quitter l'enfance dans une fusée stratosphérique : la vie serait merveilleuse. Pour beaucoup de leurs camarades, ce mariage avait marqué comme la fin de leur jeunesse ; et ils en étaient restés sonnés. Jean-Charles, large d'épaules, poitrail noir de poils et bombé, houba ! houba !, dents de tigre, rire ample comme ses bras grands ouverts dans lesquels Natalie se jetait en frémissant pour se faire dorloter par son Ajax, son Hercule, son Rhett Butler, son Dark Vador, tout cela l'avait enchantée.

Le jour de son mariage, Natalie avait vu l'avenir avec douceur et confiance. Un homme sûr, des enfants à lancer dans la vie qui tangue, un métier dont elle aimait par-dessus tout la précision, la méticulosité et la patience ; et les années qui, en s'empilant, lui feraient prendre de la hauteur sans pour autant la rendre hautaine, c'était juré !

De son côté, Jean-Charles était presque resté le mec tout simple. Carré. Entier. Il aurait tout parce qu'il demandait peu : juste l'essentiel pour un homme tel que lui. De l'argent. Une femme dynamique, loyale et racée. De belles petites chattes de temps à autre, en douce, sans y voir à mal, sans porter à conséquence. Des enfants qui grandissent sans trop faire chier. Une belle maison pour accueillir ses potes, un bateau dans le port et une voiture, puissante et douce, afin d'étendre le réseau des pharmaciens qui bénéficient de ses conseils comme de son entregent pour mieux appâter le chaland tout en profitant des aides gouvernementales.

Le temps a renforcé, en chacun d'eux, le trait de caractère qui les distingue et les éloigne sans qu'ils en aient encore conscience. Il arrive à Jean-Charles de voir, dans les journaux, les photos de ses amis devenus bâtonniers, députés, présidents de chambre ou décorés de l'ordre national du Mérite. D'abord étonné, puis flatté, il s'en agace de plus en plus (« Qu'ont-ils donc de plus que moi ? ») et aspire au moins à la reconnaissance qu'il a, certes, toujours eue partout où il allait et qu'il ne connaît plus – mais de moins en moins – que sur les pontons où il lui arrive de traîner, et dans les régates où il engage encore son bateau, néanmoins mieux classé quand son fils est à la manœuvre. Et sa grande ambition est d'entrer au Rotary Club de Conleau.

Tout cela, bien sûr, je l'apprendrai plus tard, et pas par Natalie, femme discrète, voire secrète, à qui je n'ai jamais posé la moindre question. Le Strat se proposera de la raccompagner chez elle ce jour-là et je la retrouverais, quelque temps plus tard, chez moi, à l'un de ces dîners qu'Hélène donna pendant tout l'été, tout l'automne et tout l'hiver, pour tenter de se débarrasser de moi.

19

Cet hiver-là, je sens que l'avenir sera différent de ce que j'ai imaginé. Tous les livres que j'ai pensé relire me tombent un à un des mains. Non qu'ils soient mauvais. Il me semble même que si je les découvrais aujourd'hui, ils m'enivreraient comme jadis. Mais la lecture que j'en ai déjà faite les a pour ainsi dire éventés. Je les retrouve, tous, avec un sentiment de déjà-lu, un goût de chewing-gum mâché, un éclat de photo jaunie qui attendrit sans restituer. Dans ce domaine, la moindre rengaine a plus de puissance que le plus fort des livres : une nouvelle lecture de *Guerre et Paix* ne me fait pas retrouver mes sensations d'alors, quand une chanson entendue au hasard d'une radio me rend instantanément à ces amours de mes vingt ans, à cette fin d'été sur la plage de Gruissan. Je délaisse donc Tolstoï pour Harry Belafonte et me laisse peu à peu bercer par les charmes de la paresse, abandonné à ces jours qui passent et reviennent, comme les marées.

Même le cinéma, que j'ai tant aimé, m'est devenu

insupportable. Les nouveaux films me tombent des yeux. Comment être ému par ces vertueuses que sont devenues les plus voyantes des actrices françaises ? Autrefois, pour tourner, les coquines devaient peut-être s'étendre. Aujourd'hui, c'est pire, elles doivent pour se faire engager accoucher d'idées communes. Leur idéal : être conforme aux chimères du moment. Bonnes pour le service. Bonniches de service. Elles mettent de la chirurgie esthétique jusque dans ce qui leur sert d'idées. Embaumées au moral comme au physique, autant dire mortes. Braves filles expressives comme des ballons, et qui prétendent encore nous faire rêver !

Celle-ci, pourvu qu'il y ait des photographes, s'époumone à quatorze heures derrière un porte-voix pour les sans-papiers, nous vend à dix-huit heures à la télé son huile d'olive (« Je suis une paysanne, très près de la terre, des vraies valeurs ») au centilitre plus cher qu'un centilitre de romanée-conti et espère à vingt heures nous faire pleurer dans *Bérénice.* Cette autre monte le lundi les marches d'une église où se sont réfugiés des immigrés avec qui elle passe une nuit très photographiée ; puis, le mardi, celles d'un palais des Festivals, habillée par Dior, bijoutée par Chopard et maquillée par L'Oréal. Ou cette ancienne tenancière de boîtes de nuit qui beugle sa chanson devant un ministère pour soutenir les étrangers qu'on renvoie chez eux, alors qu'elle a passé sa vie à flanquer à la porte de ses établissements des gens dont la tête ne lui revenait pas. Et il y en a tellement d'autres.

Bonnes dames narcissiques, interchangeables et prévisibles, au service de ce petit commerce de brocante qu'est devenu le cinéma français.

Je ne parle pas à Hélène de cette Natalie Lawton qui, les deux fois où je l'ai vue, m'a ému, mais dont le souvenir s'estompe. Je n'ai pas envie de la feuilleter parce que je sais trop comment cela finit : une heure d'extase, des années d'emmerdements, une vie de remords. N'ayant plus aucune tentation, je n'ai aucun mérite.

Mon oisiveté renforce l'idée fixe d'Hélène : me caser. Me caser hors de la *casa.* Elle ne me dit rien mais, quoi que je fasse, je sens son regard sur ma nuque comme un carcan. Quand je suis dans ma bibliothèque, elle envoie Nelly Pilou passer l'aspirateur dans le couloir, puis les jardiniers tailler les buis sur ma terrasse.

Pour fuir le *tchak-tchak-tchak* de la cisaille, je file à vélo chez Le Strat. J'y déjeune tous les jours. Quand arrive la morte-saison, il me met en cuisine.

J'apprends à ouvrir, vider et fourrer de menthe fraîche les ventres des daurades. À jeter la première eau des huîtres. À préparer un fumet avec des carcasses de langoustines flambées au calvados. À manger des sardines crues et presque encore vivantes.

Dédé me reparle de ce qu'il appelle « le drame des Pilou », la boucherie fine probablement obligée de fermer aux halles, cette bonne viande qu'on ne trouvera bientôt plus, et tout ça, c'est ma faute, mais je laisse dire, je m'abandonne. Hélène prétendait que le loisir demande du talent. Non, non, parce que le temps est élastique et se comble avec des riens. Lorsque j'étais aux affaires, mon emploi du temps était clos deux ans à l'avance, comme celui des chanteurs d'opéra. Aujourd'hui, pour la première fois de ma vie, j'ai un agenda vierge que bientôt je jette. Et j'ai l'impression de n'avoir pas une minute à moi, de sentir passer les semaines comme dans un vertige. Le calendrier des postes et *L'Almanach du marin breton* me suffisent pour savoir le jour qu'on est et le coefficient de la prochaine marée. Qu'a-t-on besoin d'autre ? Le temps qu'il fait, je le sens en allant, à pied, chaque matin, acheter *Ouest-France* à l'aubette du car du Vincin, dans ce coin qu'on appelle le cimetière marin – rue Daniel-Gilard, allée Loïc-Caradec, rue Gilles-Gahinet –, deux sont morts noyés, comme mon fils.

N'ayant jamais été du genre à m'ébahir devant la nature, je ne connais pas le nom des fleurs, ni le vol ou les cris des oiseaux, ni le parfum des vents. Pourtant, chaque jour, je sens mon humeur affectée par la lumière, l'éclat du soleil sur la mer, les allées et venues des bateaux frôlant les îles, qui me font penser à des têtes de géants nageant la brasse coulée. Je ne m'y attendais pas du tout, tout cela me porte et m'enchante. Je prolonge la promenade, feuilletant sur un banc le journal que la marchande m'a tendu en me disant, les yeux gourmands :

– Il s'en passe des choses dans le monde, monsieur

Bailly, ça bouge ! D'ailleurs, j'ai une idée pour le journal parce que, là-dedans *(elle mouline de l'index en montrant sa tempe)*, il s'en passe aussi. Vous voulez que je vous dise ? Ils devraient faire une rubrique intitulée : « Ça bouge ! »

– Bonne idée. Et, sur la page d'en face, on aurait les avis d'obsèques qu'on pourrait appeler : « Là, ça bouge plus ! »

Depuis, elle me regarde bizarrement, mais je m'en fous, je suis heureux. Je sens une présence dans ces éléments où je me fonds, n'ayant plus d'autre ambition que de faire partie du décor, sans chercher à le contrôler, ni même à le comprendre.

J'apprendrai plus tard qu'Hélène appelait ma balade « la promenade du prisonnier ». Un jour, elle vient me voir :

– Non seulement, tu ne fais rien, Pierre, mais tu ne vois personne. Tu deviens débile. Je vais te faire rencontrer des gens d'ici. Ça te fera des relations. Et une activité. Je vais donc organiser des dîners.

Et elle repart sans que j'aie pu trouver quoi répondre. Le lendemain, elle me prévient que la semaine prochaine aura lieu le premier de ces dîners avec :

– ... mes amis les plus chers, voyons, il y aura les Piccard, tu sais, le concessionnaire Porsche & Rover, et sa femme, qui est banquière ; et les Lawton, lui est conseil en pharmacie, elle dentiste. Des gens très en vue.

– Jamais entendu parler.

– Mais enfin, voyons, Pierre, je les connais depuis toujours.

– Comme fournisseurs ?

– Ce que tu peux être vulgaire ! Comme amis !

Pour montrer la force et l'ancienneté de ses sentiments, elle hennit, cela donne : « Comme ami-i-i-i-i-is ! »

– Figure-toi, poursuit-elle avec l'excitation d'une adolescente préparant sa première boum, figure-toi que les Piccard et les Lawton étaient en fac ensemble. À Rennes. Ils sont plus jeunes que nous mais, justement, ça fait du bien. Tu sais, je les ai déjà reçus.

20

De fait, ils semblent connaître la maison. Je n'ai aucune émotion à retrouver Natalie Lawton, très à l'aise, les cheveux lui caressant les épaules. Le naturel même. Dès leur arrivée, grandes embrassades, Lawton m'ignore et tend à Hélène une bouteille :

– Tenez, un bordeaux de derrière les fagots. Château-giscours 1978.

– Jean-Charles, c'est beaucoup trop !

– Ah ben si c'est trop, vous la boirez en plusieurs fois.

– Ha ! ha ! ha ! comme vous êtes drôle, Jean-Charles !

Puis, se tournant vers Piccard, elle s'exclame, avec un ton mi-reproche, mi-extase :

– Oh ! Nicolas, des chocolats de chez Cartron ! Vous me connaissez bien, hein ! Brigand !

Elle fronce le nez, minaude puis, boudeuse :

– Vous savez par où me prendre ! Euh... *(elle rougit)*..., enfin, je veux dire... ha ! ha ! ha ! Ça y est, j'ai fait ma gaffe, ha ! ha ! ha !

Et tout le monde rigole. Sauf moi.

Lors de ces effusions où je découvre ce personnage – la mondaine exaltée – que je n'avais encore jamais vu jouer par Hélène, Natalie Lawton me souffle à l'oreille que « tout s'est bien passé, il a été correct », sans que j'arrive à comprendre si elle me parle de Le Strat, qui l'avait raccompagnée l'autre jour chez elle, ou de la scène que lui aurait faite son mari, déçu qu'elle ait faussé pour moi compagnie aux élégants qu'il courtisait.

L'autre femme, Carole Piccard, est plus voyante : un mètre quatre-vingts, cheveux courts, verbe haut, carrure épaisse, enjambées de trois-quarts aile, rire de suivante de comédie, elle aurait plu à Maudet qui aimait les rigolardes. Elle est de ces femmes péremptoires dont on se dit qu'elle sera fréquentable après son premier cancer, c'est-à-dire après qu'il lui sera arrivé quelque chose qui la fera douter d'elle-même et s'agenouiller devant une pâquerette en balbutiant que la vie est merveilleuse. En attendant, elle est d'une assurance fatigante.

Tout ce monde s'égaille, s'assoit, semblant connaître sa place au salon. C'est moi qui détonne. Le premier verre passé, la conversation file, on m'oublie. Je n'intéresse pas. Entre deux rires de gorge, Hélène, bravement, me pousse à briller. J'ai l'air d'un petit garçon présenté par sa maman. Elle dit n'importe quoi :

– Pierre a exploité des mines de tungstène en Chine pendant des années. Et puis, il s'est lassé, n'est-ce pas, Pierre ?

Je souris sans répondre, il y a un silence, une gêne, quelqu'un pour dire « et vous y êtes arrivé à pied ? Je veux dire, par la Chine ! », ce qui décontracte.

Le blagueur, c'est Lawton. Toujours une bien bonne à sortir. Le genre à arriver en s'écriant : « Ça pue les colins ! » Un type impossible.

Pour ces gens, je ne suis rien. J'ai donné quarante ans de ma vie à des affaires lointaines, dont ils ignorent tout, et je n'ai rien fait qui puisse les épater.

D'ailleurs, ai-je été un entrepreneur ? Je suis resté dans un bureau à acheter, gérer et revendre. J'ai eu affaire à des cadres qui s'étudiaient les uns les autres pour s'imiter et se surpasser. Copiant leurs cravates, leurs voitures, leurs goûts, leurs loisirs et même leurs femmes. Élégants et déférents. Régnant sur un monde d'abstraction ; tout comme moi, autre abstraction, rouage parmi les rouages. Je n'avais permis à personne de se révéler, j'avais forcé les talents que je recrutais à se mettre au service de mon ambition unique : atteindre le chiffre.

Pourtant, je suis devenu riche, très riche, dix fois plus qu'eux tous réunis, qui me regardent, sinon de haut, au moins de loin. Lawton et Piccard ont même été des sortes d'employés puisque le groupe Maudet avait un temps contrôlé les sociétés pour lesquelles ils travaillent. Mais ils ne le savent pas et je les écoute raconter, avec une candeur qui m'attendrit, leurs exploits. Ils savent qu'Hélène est la fille de Robert « Call me Bébert »

Maudet, nom qui, dans la région, sonne encore fort, mais ils n'ont aucune considération pour moi qui, dans leur monde, ne suis rien, car on n'est puissant que par les gens qu'on connaît et contrôle. Ne connaissant personne à Vannes, je suis redevenu faible comme un exilé. Fragile et léger : perdant mes réseaux, j'ai aussi perdu mes attaches et je suis libre.

Enfin, presque.

J'admire ces hommes qui se vantent : Piccard heureux d'avoir vendu beaucoup de voitures et de recevoir bientôt la nouvelle 911 GT2 RS, « je vous la ferai essayer, si vous voulez », Lawton surtout enchanté de lui-même. Ce sont de bons petits gars. *D'excellents Français.*

Natalie m'agace. Je la vois pour la troisième fois, et c'est encore une femme différente : l'épouse modèle. En elle, je retrouve assez des manières d'Hélène à nos débuts : cette agilité de marionnettiste qui pousse discrètement les autres dans la lumière. Ainsi fait-elle, dès l'apéritif, en sorte qu'on prie Lawton de raconter son audience au Sénat. Grand air de ténor, un peu long, tout y passe. Ce qu'il dit n'est d'ailleurs pas sot, pour ce que je peux en connaître.

Après les huîtres et le saumon, la grande Carole Piccard, n'y tenant plus, entre en piste. Ayant laissé parler les hommes, Hélène la sollicite enfin :

– Tu sembles un peu fatiguée, Carole, est-ce que ça va ?

Et elle s'emballe à son tour, avec sa voix forte, celle de ces commentateurs sportifs qui hurlent toujours, ne sachant pas, sans doute, qu'on a inventé le micro :

– Ça va très bien, tout baigne. Mais j'ai encore eu une de ces journées ! Quoi, arrêter de travailler ? Pas question. *(Personne n'a rien dit.)* Moi, je veux travailler. Ça n'est pas un besoin d'argent, Dieu merci, je vous rassure : mon mari gagne très bien, mais alors *très bien* sa vie ! C'est tout bonnement une question d'épanouissement personnel. J'ai besoin de reconnaissance sociale, je n'ai pas peur de le dire. La femme doit tenir sa place, question de dignité. Mais aujourd'hui, rude journée pour la reine ! Encore eu une pauvresse au téléphone. Trois mois qu'elle ne nous a pas payés pour ses crédits à la con. Ah ! je ne me suis pas laissé faire. Vous avez des difficultés ? que je lui ai dit. Eh bien, tout le monde en a, madame. Seulement, il y a les gens honnêtes et il y a les autres. Arrêtez de pleurer, je ne comprends pas ce que vous me dites. Vous me faites perdre mon temps, madame, à pleurnicher comme ça. Pardon ? Ah ! votre mari est mort ? Vous joindrez le certificat de décès au règlement. Parce que, comme ça, il n'est plus au chômage, ça fait une bouche de moins à nourrir, vous allez pouvoir rembourser plus vite. Enfin une bonne nouvelle !

Et elle rit. Et tout le monde rit. Sauf moi. Et sauf

Nelly Pilou qui, le plateau de fromages escamoté, fait une entrée solennelle en portant une reine de Saba, dessert démodé très fort en chocolat – encore une des manies d'Hélène –, occasion pour moi de tâcher de répondre aux seules questions intéressantes du dîner : quoi boire ?, et que fumer avec ça ? Un maury avec un churchill Romeo y Julieta ? Ou un vieux banyuls, ce vin de méditation, avec un punch double corona ? Étant donné que, bien sûr, la pâtisserie, à qui il ne faut pas trop demander en fin de repas, ne peut être que l'accompagnatrice de ces délices.

Après avoir un peu hésité, je me lève d'un bond, entends vaguement Lawton s'écrier derrière moi « Eh bien, ce que je dis ne vous intéresse pas, on dirait ! » et file vers ma boîte à cigares. Car j'ai la solution : avec n'importe qui, on peut fumer n'importe quoi et boire un de ces kirschs, vifs et fringants, qui claquent au palais et donnent envie de dire : « Fouette, cocher ! »

On refuse mes cigares (« Des cigares de Cuba ? s'exclame Lawton. On a des cigares à Cuba, mais à Cuba, pas de cacao ! ») que j'offre pourtant de fumer sur la terrasse où, laissant la compagnie, je vais m'installer seul. Avec cette gentillesse appuyée qu'on témoigne à un enfant puni, Nelly m'apporte ma part de gâteau.

Le lendemain, je me fais gronder par Hélène qui, ses invités partis, n'avait pu me retrouver, car j'étais allé me coucher sans saluer personne.

– Tu as vraiment de ces manières, Pierre, c'était gênant.

Jean-Charles semblait furieux, et je le comprends. Tu n'as rien écouté de ce qu'il disait. C'est dommage, c'était intéressant, je t'assure. Il nous a parlé de sa nouvelle maison. Il va nous inviter. J'espère que tu sauras te tenir. D'autant plus qu'il a un bateau, qu'il pourrait t'emmener, ça te ferait une distraction. Et des relations. Maintenant, c'est fichu. Jean-Charles s'est contenu, mais j'ai bien vu qu'il était offensé. Il a même dit : « Décidément, il est prêt à tout pour un cigare. »

21

Les trois jours qui suivent ce dîner, Hélène ne me parle pas : trois jours de paix, où la robuste Nelly Pilou prend le contrôle de Baot et vient se confier.

Toutes ces années où elle est restée seule avec Hélène, Nelly a déploré le peu d'appétence de Madame pour les mondanités. Elle s'était fait une joie de servir la première contribuable du département (« C'est ce qu'on raconte, monsieur Bailly, est-ce que c'est vrai ? – Oui, Nelly, c'est la vérité », et elle se redresse, éblouie) ; eh bien, elle avait dû en rabattre. Hélène ne recevait presque jamais et Nelly enrageait de devoir tenir propre une maison vide, nettoyer une argenterie qui bleuissait dans les coffrets de cuir matelassés de velours et devoir faire réchauffer les nouilles de Madame au micro-ondes, alors que le four La Cornue était en train de rouiller. C'était simple : elle aimait mieux ne rien dire à Fabrice, il en pleurerait. En plus, depuis que la chienne Trompette était morte, l'atmosphère de Baot était devenue aussi cafardeuse qu'une émission de Michel Drucker. Aussi ce premier dîner fut pour elle comme le début d'une revanche dont la gloire me touchait, puisqu'il avait été donné pour moi.

Incapable de faire la cuisine, Hélène confie à Nelly l'organisation des festivités. Pour le dîner suivant – petit comité : Langlois et sa dame –, Fabrice vient lui-même livrer le rôti prévu. Il apporte aussi des os et manque de tomber à la renverse quand je lui dis que tous nos chiens sont morts. Étant, je ne sais pourquoi, seul à la maison, je le reçois et le conduis dans la cuisine, où il tombe à genoux devant le four :

– Et Nelly qui ne m'avait rien dit ! Avoir une cuisinière comme ça et ne pas s'en servir, c'est comme avoir une Rolls et la laisser au garage. C'est quand même une honte, monsieur Bailly, si vous me passez l'expression. Ça fait longtemps que vous l'avez ? Et vous vous en servez ?

– Non, jamais.

– Mais qui vous l'a commandée ? Parce que c'est du sur mesure, cette affaire-là, vous savez.

– Oui, bien sûr, je sais. Eh bien, en fait, c'est Dédé Le Strat qui me l'avait conseillée, à l'époque.

– Ah ! Le Strat, oui, le cuisinier du Vincin. C'est un client. Mais il fait surtout du poisson. Et vous n'avez jamais cuit de viande dans ce four ?

– Pas à ma connaissance.

– Un four La Cornue ! *(Il tourne autour en gardant ses distances, puis s'approche pour le caresser.)* Vous savez que c'est la première fois que j'en vois un en vrai. Quand j'étais minot, je découpais des photos que je collais dans un cahier. *(Les larmes lui viennent aux yeux, sa bouche ondule, il va chialer, vraiment.)* Excusez-moi, monsieur Bailly, je suis tout ému. Ah ! j'aimerais bien l'essayer, un de ces quatre.

– Mais qu'est-ce qu'il a de si exceptionnel ?

– Le four à voûte, monsieur Bailly ! s'écrie-t-il comme s'il s'agissait d'une évidence.

– Le… ?

– Voyez-vous, monsieur Bailly, pour qu'une viande soit parfaitement cuite, la chaleur doit pouvoir se diffuser de la même manière dans un four parfaitement clos. Les fours traditionnels, même s'ils sont à chaleur tournante, c'est jamais vraiment ça. Tout dépend où vous mettez votre viande. Il y a toujours des parties trop cuites et d'autres pas assez. Le cœur est juteux, les bouts sont secs, ou le contraire. Tandis que ce four-là, que vous avez, c'est un four à voûte, comme les fours des boulangers, si vous voyez. Ça résiste à tout et ça vous fait une belle viande moelleuse, avec tous les sucs et tout le jus. C'est une merveille que vous avez là, monsieur Bailly, j'en suis tout chose, vous savez.

– Vous n'avez qu'à l'essayer, Fabrice !

Ce soir-là, donc, nous avions les Langlois. Lui, directeur financier, était un très brave homme, compagnon de mon beau-père, et qui avait suivi l'ascension du groupe Maudet sans rien perdre de sa simplicité. Il était gai comme le formol, joyeux comme une ampoule basse consommation, mais Hélène l'aimait beaucoup, d'autant plus qu'il était finaud et ne se laissait éblouir par rien.

Tous les ans, depuis toujours, nous avions l'habitude de recevoir Langlois à Baot, pour une journée. Il arrivait vers dix heures, nous déjeunions tous les trois, Hélène, lui et moi, travaillions tout l'après-midi avant d'aller dîner à Locguénolé, où nous avait attendus dame Langlois.

Après ma démission, j'avais pensé ce rite terminé. Mais Hélène et moi étions restés au conseil d'administration. J'aurais préféré m'en dégager, mon successeur avait insisté, « question de symbole, Pierre, tu comprends ? » m'avait dit ce type que je connaissais à peine, mais qui la jouait à l'américaine : prénom, tutoiement, veste sur le dossier, pieds sur le bureau et chemisettes Brooks Brothers. Il tapait dans le dos des hommes et restait d'une froideur de glace avec les femmes qui, à mon époque, étaient plutôt marrantes, jolies et vêtues à la française, avec élégance et désinvolture et qui, dès mon départ, se déguisèrent en femmes-agents tailleur-pantalon et lèvres fermées, comme si elles avaient du persil sur les dents.

Hélène avait insisté pour maintenir l'invitation faite aux Langlois, ce qui avait choqué Madame :

– Tout de même, nous ne pouvons plus faire passer notre dîner de Locguénolé sur nos frais !

– Eh bien, vous dînerez chez nous, à la bonne franquette.

22

Ce deuxième dîner fut un succès. Nelly s'était surpassée. Resté en cuisine, Fabrice fit tourner le four comme un moelleux moteur de Rolls. Accompagné d'un pessac-léognan 1949 – mon année de naissance – qui fit sauter les Langlois au plafond, le rôti de Fabrice fut d'une splendeur telle qu'on l'appela pour le féliciter.

On prit ensuite à table, à l'anglaise, entre hommes, dessert, cigares et liqueurs, en priant Fabrice de rester, tandis que ces dames passèrent au salon, avec Nelly, qui resta debout en tablier, mais ne lésina pas sur la fine, ce qui l'embruma et la fit se confier, en reniflant bruyamment, sur ses malheurs conjugaux et ses soucis d'argent. Autrefois, nous raconta-t-elle, son amie Christine avait épousé l'arrière droit du Vannes Olympique Club. Elle aussi aurait aimé avoir un mari footballeur à pousser, à soutenir, à rassurer en cas de défaite, à calmer en cas de victoire, à soigner en cas de blessure, et à suivre partout. Elle aurait été la première du fan-club, la meneuse parmi toutes les épouses et aurait accompagné l'équipe vers la victoire. Au lieu de quoi, elle avait dû se contenter, toute sa jeunesse, d'être la femme d'un garçon boucher avec, pour seul horizon, la perspective de devenir la femme du boucher. Ce qu'elle était devenue, pour son malheur, car les affaires n'allaient pas fort. Pour sauver la boutique et tenir son rang, Nelly devait encore faire des ménages (« C'est bien simple, je n'ai même pas le temps de profiter de ma maison et de mes enfants »), et sa propre mère donnait un coup de main à la caisse après avoir renfloué l'entreprise.

Encore fiévreux d'avoir utilisé le four, Fabrice eut, de son côté, les larmes aux yeux. Il trouva, malgré sa timidité, la force de demander pourquoi elle n'avait plus de chiens à Hélène qui ne répondit pas. Puis, chacun entonna un lamento sur les difficultés du temps et la dureté des affaires.

Les dîners d'Hélène étaient lancés.

23

Je ne vois d'ailleurs guère Hélène qu'à ces dîners, c'est-à-dire assez souvent, car nous vivons en province, où l'étiquette antique de rendre une invitation est respectée avec scrupule. Nous reprenons nos habitudes de la rue d'Aumale. Au début, comme deux joueurs de tennis rouillés échangeant des balles molles. Sachant nous limiter au ronron habituel des réceptions de préfecture, où il est de bon ton de montrer moins d'esprit que les maîtres de maison, nous redevenons des partenaires recherchés.

Autant dire que nous nous fatiguons peu, sinon pour lutter contre l'ennui.

Les mêmes préoccupations reviennent inlassablement, quelle que soit la maison. Dans l'ordre : envasement de la Rabine, pannes incessantes du pont tournant de Kérino, exploits du Vannes Olympique Club, agrandissement de l'aérodrome de Meucon, « Savez-vous que Jean d'Ormesson y a sauté en parachute ? – Non ? – Comme je vous le dis, Jocelyne ! – Oh ! il faut faire une stèle ! », circulation et, surtout, plaisir de vivre à Vannes, que le monde entier nous envie, « C'est bien simple, nous avons tout ! D'ailleurs, l'immobilier grimpe », et on enchaîne sur les questions d'argent, pour lesquelles on finit toujours par se tourner vers moi. Et je m'élance, comme dans des figures imposées où nous tournoyons, Hélène et moi, sans même plus y penser.

Nous n'avions jamais beaucoup dîné en ville, mais nous sommes frappés par la pauvreté des sujets de conversation. Conversation, c'est même beaucoup dire : c'est du potin, du ronron, de la parlouille de feuilleton télé pour adolescents débiles.

Souvent, comme réveillé en sursaut, je me dis : « Voyons. Je dîne avec le gratin de la bonne vieille bourgeoisie de province, et je m'emmerde. Ces gens ne parlent que d'argent (« Tous ces impôts, on va dans le mur. Si Bercy était géré comme une entreprise... »), de télévision (« Il n'y a vraiment rien, on va dans le mur. Si FR 3 était gérée comme une entreprise... ») et des valeurs (« Les jeunes n'ont plus envie de rien, on va dans le mur. Si l'Éducation nationale était gérée comme une entreprise... »). Je résume leur pensée : « Tout fout le camp », le plus vieux refrain du monde. Tout a toujours foutu le camp, comment ne le savent-ils pas, tous ces cons ? »

Ça me donne des envies de tirer la nappe, de lancer mon verre à la tête de ma voisine et de les planter là, tous. Pour voir.

Mais je reste assis, aussi conformiste et ennuyeux que les autres. Quand mon tour est venu, j'envoie mon couplet : « Si la France était gérée comme une entreprise... », ce qui a beaucoup de succès. Et je rentre à Baot, furieux contre moi, mais soucieux de faire bonne figure au dîner suivant et d'y tenir ma place.

Il y eut bien, pendant l'hiver, cet éclat qui fit causer, le soir où nous avions invité le jeune Vincent de Pen Hoël. Fils de nos amis et voisins René (†) et Françoise de Pen Hoël, il avait été le grand ami de notre fils Alain et n'avait jamais perdu, à plus de trente-cinq ans, l'insolence et la morgue de son adolescence. Il était, ce soir-là, arrivé en retard, très énervé (il s'était engueulé avec sa mère), ricaneur, insultant et, comme la bagarre menaçait (il avait pris à partie le colonel de Kermadec qu'on eut de la peine à calmer), j'avais entraîné le bouillant jeune homme sur ma terrasse, à boire et à fumer.

Parfois Hélène, gaffeuse, ou peut-être espiègle, invite des gens insoucieux des usages et qui, l'alcool aidant, s'enflamment, tel ce petit patron d'une entreprise de chauffage (« de chauffage durable », tient-il à préciser), convié le même soir qu'un conseiller général centriste, un jour de grève générale, et qui – l'habitude du métier, sans doute – s'était échauffé :

– Mais ça leur plaît, de défiler sous des banderoles, laissez-leur ça. C'est la catharsis.

– La quoi, chéri ?

– Enfin, Maryvonne, tu vois bien ce que je veux dire. Ça leur tient chaud, ils sont ensemble, ils sont contents. Ils appellent ça lutter. Lutter, mon cul. Nous on lutte, les petits patrons, pour leur trouver du boulot et nous remettre en question tous les jours, ce qu'ils ne font pas. Et eux, ils se promènent, euh… pardon, ils défilent en chantant. Ils sont d'ailleurs bien encadrés par les syndicats et par la gauche, c'est parfait. Ils usent là l'énergie qu'ils n'ont plus ensuite pour gérer leur propre vie. Tout simplement parce qu'ils sont incapables de gérer quoi que ce soit. Alors, leur truc, c'est de la catharsis.

– De la quoi, chéri ?

– Cela dit, ils sont sympas, les ouvriers. Il faut les aimer, mais il faut les aimer comme des enfants. La télé est là, Dieu merci ; elle les berce, les borde et les endort. Ou les matches de foot, pour les faire *vibrer. Vibrer*, encore une de leurs expressions ! Ils veulent *vibrer, rêver*, les pauvres chéris. Eh bien, qu'ils rêvent, le marchand de sable est passé, « Bonne nuit, les petits ! » De temps en temps, comme les enfants, ils font des colères, ça s'appelle des grèves. C'est la catharsis.

– Mais enfin, chéri !

– En fait, les pauvres se gênent entre eux, avec leurs grèves. Ils sont vraiment pas malins. Et, entre nous, les pauvres, c'est quand même des cons. Sinon, ils seraient pas pauvres.

– C'est dangereux pour la démocratie, ce que vous dites là, coupe le conseiller général double centre (« Ni centre droit, ni centre gauche, mais centre centre, c'est-à-dire double centre »). Voyons, monsieur, il ne faut pas stigmatiser une partie de la population. Vous dérapez. J'irais même plus loin, au risque de vous tacler : vous passez la ligne jaune. Je suis vent debout. Parfaitement. J'entre en résistance citoyenne. Je siffle la fin de la récré. Je m'indigne. Car vous risquez de faire le jeu de l'extrême droite et de rappeler les heures les plus sombres de notre histoire. C'est un vrai questionnement face auquel je ne laisserai pas un silence assourdissant.

– C'est la catharsis, conclut la femme – durable, elle aussi – du chauffagiste.

24

Les dîners d'Hélène cessent le jour où, de la chambre de commerce, on me téléphone que j'ai été élu à un club économique regroupant d'anciens chefs d'entreprise chargés de réfléchir au développement de la ville par la multiplication des initiatives individuelles.

Ce club s'appelle « Le Deuxième Pas ».

À l'annonce de cette élection, Hélène saute de joie. Vraiment. Le genre Youpi ! Les bras en croix, décollement du sol de cinquante bons centimètres. Jamais on ne put voir sur terre une femme si heureuse. Sauf, peut-être, Marlene Dietrich à la mort de Garbo.

– Je suis fière de toi, Pierre, très fière, même.

Pour un peu, elle m'emmènerait à La Bretesche. Et, dans ses yeux, je vois comme de l'amour. Comme une invite que, bien sûr, je refuse. Car ce club économique de la chambre de commerce, vraiment…

– Nous ne faisons pas de l'assistance, m'explique le président – l'homme du Bridge-Club, que j'avais rencontré au marché, une botte de poireaux sous l'aisselle, au lendemain du fiasco de Missillac, qu'Hélène avait invité trois fois à dîner au cours de l'hiver, et qui avait été séduit « par mon discours volontariste sur la nécessité de gérer ce pays comme une entreprise ». Il ne s'agit pas d'assister les jeunes, comprenez-vous, Bailly, mais de les accompagner. Ils font le premier pas, nous les aidons à faire le deuxième en espérant qu'il ne soit pas le second, ha ! ha ! ha ! astuce !

Je me retrouve parmi les pépères. Tous ont, depuis au moins dix ans, cessé toute activité, et ils retardent d'autant. On dirait que le monde s'est gelé à leur retrait des affaires. Le monde a continué, bien sûr, c'est eux qui se sont figés. Les gérontocrates. Dont je suis, désormais. On nous demande de distribuer un budget – assez mince, d'ailleurs – pour nous donner la sensation d'exister encore. La plupart viennent là sans savoir pourquoi, attendant le whisky marquant la fin de la séance pour aborder les questions essentielles : où allons-nous dîner ? avec ou sans les épouses ? et notre voyage d'études ? avec ou sans les épouses ?

Le reste du temps, nous regardons vaguement des dossiers de candidature à de petites bourses, cautionnons des prêts à taux réduit, remettons même un prix littéraire « devant couronner un roman permettant au grand public d'appréhender les enjeux économiques de notre époque », le tout sous la conduite d'un président chafouin et d'une vice-présidente rieuse comme une mouette, heureux d'eux-mêmes et seulement soucieux de se prolonger.

Je soupire devant la pile des dossiers posée devant moi. Une jeune fille veut un bateau pour traverser l'Atlantique. Quatre garçons demandent de l'argent pour des régates. Une dame veut organiser un festival de rock breton. Une autre des animations pour les enfants malades. Un poète cherche un éditeur. Un éditeur cherche des libraires. Des libraires cherchent des lecteurs. Et les lecteurs, ne sachant jamais quoi lire, se rabattent sur ces prix littéraires créés pour faire acheter des livres à des gens qui n'aiment pas les livres, ce qui est très fort.

Enfin, très fort… En moi l'homme d'affaires applaudit, mais le lecteur s'en fout. Je sais depuis longtemps qu'il faut choisir ses livres comme ses fromages : au pif. On ouvre, on met le nez dedans : si ça sent, on prend ; si ça ne sent pas, on repose. Ça sent mauvais ? Ça sent bon ? Mieux vaut un livre qui pue qu'un livre sans odeur. Un livre doit avoir un arôme, du nez, des parfums, du fumet. Comme un fromage. Comme un vin, une viande, du foin coupé ou du réséda, si vous préférez : un livre doit d'abord sentir. Puis, faire ressentir.

Mais enfin, c'est émouvant, tous ces rêves dans des chemises en carton. Ça me flanque le cafard : ces gens désireux de changer leur vie et qui ne la changent pas, ne sachant comment faire, attendant trop des autres (de pépères comme nous, les malheureux !) et pas assez d'eux-mêmes. Comment se résigneront-ils après qu'on leur aura refusé ce qu'ils nous demandent ? De quelle amertume paieront-ils leur renoncement ? Comment continuer de vivre cette vie où ils se sentent tellement à l'étroit ? Gwendoline Le Bobinec ne traversera pas l'Atlantique et restera dans le golfe à enseigner aux gamins les rudiments de la plate en V. Erwan, Bobby, Lucas et Ronan, « les quatre garçons dans le vent », n'auront pas les crédits suffisants pour participer à la Semaine du golfe. Anaïk restera dans sa ferme à se gratter la harpe celtique et les enfants malades trouveront le temps long, car nous ne pouvons rien pour eux tous.

En nous y prenant autrement, nous augmenterions facilement notre budget pour intervenir avec plus d'efficacité. La mollesse du président et les rigolades de la vice-présidente ont réveillé l'homme d'affaires qui ne sommeillait en moi que parce que je l'avais assommé. Au bout de quelques semaines de silence, je propose des aménagements. Et je sens passer, dans l'assemblée engourdie de ces gens si polis, comme un effroi. Je dérange.

– Euh… oui, c'est intéressant, Pierre, merci, murmure le président. Notons-le au procès-verbal, nous en reparlerons lors d'une prochaine séance.

Nous n'en reparlerons jamais.

D'abord étonné, je ne m'en offusquerai bientôt plus.

Ce qui intéresse le président est de rester président. Ce qui passionne le club est de rester le club. Tout mouvement ne peut qu'ébranler l'édifice où ces débiles ont réussi à se hisser.

25

Un jour, n'y tenant plus, je quitte la commission en pleine séance et me retrouve, soulagé, rue du Commerce, bien décidé à ne plus remettre les pieds dans ce mouroir.

Et qui vois-je, de l'autre côté du port, bloquée dans la circulation par une nouvelle panne du pont tournant de Kérino ?

Hélène.

Le temps que prend la réparation de ce pont toujours détraqué me permet d'aller chercher ma propre voiture et de suivre Hélène, qui roule vers Séné, où habitait son père.

Je la suis jusqu'à la rue Kerhuillieu. Là, je m'arrête. Talonner une femme dans la rue, soit ; mais filer sa propre femme a quelque chose de répugnant. Et puis, qu'irait-elle faire à Séné ? La maison Maudet est depuis longtemps vendue, Hélène n'ayant jamais voulu y remettre les pieds depuis la mort de son père.

Je rentre donc par le chemin des écoliers à Baot, où je compte rédiger ma lettre de démission.

26

Je traîne un peu avant de rentrer à Baot. Sur le chemin qui borde la mer et court au bas de nos deux propriétés, j'aperçois Vincent de Pen Hoël et son chien Fantomas, un épagneul un peu flemmard.

J'ai un mouvement de recul. Malgré tout, ce type m'agace. Certes, la cuite que nous avons prise ensemble il y a quelques semaines nous a réunis, mais je ne le sens pas sûr. Depuis longtemps, il a déserté Vannes et mène à Paris une vie voyante et vulgaire. Je l'y croisais de temps en temps. Écrivant des fiches pour animateurs de télévision et des catalogues pour publicitaires, il s'y fait un argent facile qu'il disperse dans des fêtes clinquantes avec des drôlesses et des jeunes gens comme lui, étonnés, tristes et bientôt aigres d'avoir pensé n'avoir qu'à paraître pour que le monde déploie devant eux tous ses trésors.

Il doit aujourd'hui avoir dans les trente-cinq ans. Il était le meilleur ami d'Alain. À voir le petit connard qu'il est devenu, il m'arrive de remercier le Ciel pour la mort de mon fils. Je comprends la déception de Françoise de Pen Hoël : avoir pour héritier un type aussi commun. Nos enfants sont comme des cadeaux qu'on mettrait une vingtaine d'années à ouvrir avant de découvrir ce qu'ils sont ; mais, s'ils ne nous conviennent pas, impossible de les changer. Il faut les supporter ou s'en défaire ; ce que nous avons fait.

Quelques semaines plus tôt, donc, Hélène avait invité Vincent à l'un de ses dîners où il s'était montré suffisant, odieux, méprisant. Il était arrivé en retard et nous fit sentir que, bien que ses parents nous aient, avant sa naissance, vendu la moitié du parc ancestral, il considérait que ces terres lui appartenaient, qu'il était ici chez lui et que, dernier représentant des barons de Pen Hoël, il devait avoir la place d'honneur à table, car il symbolisait mille ans d'histoire. Il avait dit ça en plaisantant mais on voyait bien qu'il était sincère.

– Quand je viens ici, j'ai toujours l'impression d'être chez moi, avait-il dit. Lorsque je regarde votre maison de mes fenêtres, il me semble voir mes écuries, ou le cabanon des domestiques, ou la cabane au fond du jardin.

Hélène n'avait pas répliqué, la sortie m'avait plutôt amusé, mais cette attitude et le discours avaient choqué nos invités – le directeur de la DDE du Morbihan, le colonel de Kermadec et leurs épouses – qu'il n'avait cessé de regarder d'un air provocant. Derrière cette insolence il y avait un émouvant besoin d'être aimé, considéré, reconnu ; cela m'avait ému mais, surtout, horripilé.

Il y a toujours eu une trace d'insolence dans cette famille. Ce n'est ni l'esprit Mortemart, ni l'esprit Guermantes, mais, chez les Pen Hoël, on aime choquer le bourgeois. Lorsque Françoise, la baronne douairière, fait visiter son château à des gens qui ne lui plaisent pas, elle les fait passer par « la chambre Jaune » où Chateaubriand et Alain Resnais ont dormi, « mais pas ensemble », précise-t-elle, et où elle a au préalable déposé un vase de nuit dans lequel elle a versé un peu de bière. Et la voilà qui pousse des cris :

– Oh ! Nelly a encore oublié de faire la chambre ! Quelle négligence, mes amis, je suis vraiment navrée, excusez-moi.

Alors, devant les visiteurs effarés, elle saisit le pot de chambre et en boit le contenu.

Cet esprit gamin est passé chez Vincent. Mais il semble y avoir pourri, signe que le jeune homme n'est ni aussi heureux ni aussi content de lui qu'il essaie de le paraître. Au cours du même dîner, il se moque de la richesse et des gens qui ont fait fortune ce qui, pour lui, est du dernier plouc.

– Pourtant, réplique Hélène, très agacée, votre famille a été riche, autrefois. Quand elle avait du talent, bien sûr, car il en faut pour gagner et garder de l'argent.

– Riche ? Non, jamais. Les Pen Hoël ont été puissants, mais jamais riches. Et leur puissance, ils la mettaient au service du roi qui, bien qu'étant lui-même plein aux as, a toujours manqué d'argent parce qu'il vivait au-dessus de ses moyens. Ce qui est aussi une façon de s'enrichir.

– Mais voilà, le roi n'est plus là et vous avez perdu votre puissance.

– Ce qui montre notre loyauté. Et d'ailleurs, comme le disait notre cousin Armel de Wismes, si le roi revenait, je m'empresserais de mourir de joie de peur d'avoir à mourir de faim.

Bref, voir Vincent en bottes, au bord de la grève, à gratter son bateau ne me fait aucun plaisir. Trop tard, son chien m'a reniflé et galope vers moi, langue pendante. Vincent jette son papier de verre dans le bateau, vient aussi vers moi, mais sans langue pendante.

– Bonjour, Pierre. Je suis heureux de vous voir, j'allais vous mettre un mot. Je suis vraiment navré pour l'autre jour. Je me suis conduit comme un branleur et je tenais à vous demander de m'en excuser.

– Ce n'est pas à moi qu'il faut le dire, Vincent. Mais plutôt à Hélène. Elle n'était pas contente, en effet. Vous avez ruiné son dîner.

Il éclate d'un bon rire clair :

– Que voulez-vous ? Vos autres invités m'ont énervé, je n'ai pas pu me retenir. J'adore être mal vu : ça force à mieux se tenir. À rester droit. À ne pas baisser sa garde. Comment dit-on, déjà ? Ah ! oui : « Nos ennemis sont le fumier qui fait pousser nos roses », ou un truc comme ça. Mais nous nous sommes expliqués, Hélène et moi. Elle m'a pardonné.

– Ho ! vraiment ? Très bien. Elle ne m'en a rien dit.

– Dès mon retour à Paris, je lui ai fait porter des fleurs. Et je lui ai rendu visite hier. Nous avons longuement parlé. Nous sommes même allés faire nos dévotions à Séné. Alors, vous voyez !

Séné ? Non, je ne vois pas. Qu'est-ce que Séné vient faire là-dedans ? Pour cacher mon trouble, je change de conversation :

– Et qu'est-ce que tu fais avec cette antiquité ? C'était à ton père, ce bateau, non ?

– Oui, la bonne vieille plate, ce bon guépard. C'est là-dessus que j'ai fait mes premiers ronds dans l'eau. Avec Alain, d'ailleurs. Et puis, je l'ai laissé pourrir, pauvre *Salina*. Je voulais des bateaux plus modernes, plus tape-à-l'œil, plus rapides aussi, et plus confortables. Des trucs pour emmener les filles à Houat. Que voulez-vous, Pierre ? On a des risées de conneries, parfois, dans la vie. On se laisse emporter par des vents contraires. On rêve de *Pen Duick*, on se retrouve avec… Pen Buick. Mais il faut se reprendre, revenir à soi, garder le cap. Donc, là, je range le hangar à bateaux. Je fais une revue de détail, je trie, je jette, je restaure. Je fous en l'air tout ce qui est confortable, donc inutile. Qui cherche le confort en mer est puni. Il faut revenir à l'inconfort, croyez-moi. Et vous, Pierre ? Il faudrait vous y remettre, un jour. Je vous emmènerai, si vous voulez.

Lorsque nos enfants étaient petits, j'avais un bateau à moteur pour aller pique-niquer à Houat, comme le font tous les Vannetais. Un bateau pour tartineurs de rillettes de maquereaux. C'était le plus gros du port mais, en Méditerranée, on l'aurait pris pour une annexe. Il attirait les badauds, j'en avais un peu honte et j'étais bien incapable de le piloter. C'était un gars du père Pen Hoël qui nous emmenait, puis Vincent quand il en a eu l'âge.

Alain était d'ailleurs en train de passer son permis bateau lorsqu'il s'est noyé. Vincent et Alain étaient amis, alors, les meilleurs au monde, toujours fourrés ensemble : un jour, ils feraient le tour de la terre sur un bateau qu'ils construiraient eux-mêmes.

– Bien, mon biquet, disait toujours Hélène, en attendant, va te laver les mains, on passe à table.

En voyant Vincent nettoyer son guépard, je me dis que si Alain était toujours en vie, il serait là, avec lui, à gratter la coque. Et, y songeant, je vois Alain, je sens sa présence pour la première fois sans doute depuis vingt ans.

À sa mort, j'ai vendu mon bateau et n'ai plus jamais regardé la salope qui m'avait pris mon fils. D'ailleurs, j'ignorais tout des courants du golfe, les lumières changeantes, les vents gris et blancs et leurs parfums, la mer qui s'enfle, s'étire et s'apaise ; tout cela m'ennuyait un peu. Ce que j'aimais, c'était rentrer au port. Depuis la mort d'Alain, tout cela me dégoûte. Nous aurions volontiers déménagé, mais déménager, c'était s'éloigner de notre fils, dont nous ne parlions pourtant jamais.

– D'ici un mois, nous reprenons nos entraînements, dit Vincent. J'ai décidé d'être sérieux, cette année. Vous viendrez avec moi, Pierre, j'ai besoin d'un matelot.

Cette voix qu'il a soudain et que je ne lui avais jamais entendue. Ce ton calme, froid, résolu. Ces yeux que je sens posés sur moi, ce regard auquel je n'ose répondre. Tout cela m'étonne et m'intimide. Le chien Fantomas s'est couché à ses pieds, et moi je suis là, les bras ballants, embarrassé.

Vincent s'avance vers moi et me pose les deux mains sur les épaules. À voix basse, il me dit :

– Il ne faut pas lui en vouloir, à la mer, vous savez, Pierre. C'est une oublieuse, et elle a bien raison, c'est là sa grande sagesse. On nous a menti. Les flots, en montant, ne se disent pas les noms des marins engloutis. Ils ne se disent rien. Nous naviguons sur des cimetières et, à terre, nous dansons sur des cadavres. Il faut s'en foutre, croyez-moi. J'ai dit la même chose à Hélène lorsque nous sommes allés à Séné. Tous ces souvenirs exposés sont malsains. Un bel ex-voto dans l'église, oui, mais ce qu'elle a fait là, c'est de l'exhibition morbide. Elle devrait jeter tout. Comme le bonheur, nos morts sont parfois en nous, jamais ailleurs.

27

C'est dans l'alcool que se trempent les amitiés, car il y a une fraternité des bittures et elle dure bien après qu'on a dessaoulé. Si Vincent de Pen Hoël et moi ne nous étions pas retrouvés, ivres morts (pourquoi « ivres morts » ? Ivres vivants, oui !), le soir de son esclandre au lugubre dîner où Hélène essayait de me placer comme consultant auprès de la DDE, nous aurions gardé nos distances. Or, l'alcool rapproche les pôles. Il laisse aux cœurs meurtris une occasion de se reconnaître comme de s'estimer. Il révèle les blessures, ce qui permet de les soigner. Je ne sais quelle peuplade grecque, attribuant au vin une force divine, ne prenait aucune décision importante pour la vie de la cité sans s'être au préalable enivrée. Voilà de la belle sagesse dont feraient bien de s'inspirer l'Élysée, le Parlement et, surtout, Bruxelles.

Le souvenir de ce que nous avions bu ce soir-là – une impétueuse framboise Morand parfaitement frappée – brise nos barrières. Sans cette framboise, je n'aurais rien su.

Vincent m'apprend qu'Hélène, loin d'avoir vendu la maison de son père à Séné, l'a transformée en oratoire dédié à la mémoire de mon beau-père, à la mémoire de notre fils, dont elle a transporté là-bas toutes les affaires – photos, livres, vêtements. Elle m'avait dit s'en être débarrassée.

À mon retour à Baot, en effet, j'avais fait des recherches, voulu feuilleter les albums photos, et n'avais rien pu retrouver. Hélène s'était mise en colère :

– J'ai tout jeté, Pierre. Tout. Tout cela tire vers le passé. Il ne faut pas s'encombrer. Les photos nous mentent. Elles nous font croire que le passé est du présent. Et on ne sent plus passer le temps. Or, il faut sentir passer le temps, sinon hier avale aujourd'hui et nos morts nous dévorent. Je m'étonne de ta demande. Méfie-toi, tu vas devenir un vieux cochon sentimental.

Je n'avais plus aucune photo de nos enfants. Je me souviens qu'Alain avait été un petit garçon gentil, aimant, franc, simple, toujours sur un bateau, un couteau entre les dents, à jouer au corsaire. Et puis, d'un coup, il s'était fermé comme un guichet de gare. Plus personne. On aurait dit qu'il ne se plaisait plus avec nous. Moi absent et distrait, Hélène jamais attentive, et pour laquelle on doit apprendre à régler soi-même, le plus tôt possible, les problèmes qu'ils rencontraient. « C'est en portant son fardeau qu'on se muscle », répétait-elle chaque fois qu'elle refusait un câlin ou une consolation à l'un de ses enfants en larmes.

D'un coup, sans qu'on comprît pourquoi, Alain s'était muré. Il était devenu irascible, impatient. Nous avions comme perdu le contact avec lui. Et puis, il est mort. Il avait seize ans et nous n'en n'avons plus jamais reparlé, sa mère et moi.

– Vous n'avez pas idée par où Hélène est passée, me dit Vincent de Pen Hoël.

– Elle ne m'a jamais rien dit.

– Comme si on pouvait vous parler, Pierre ! Du reste, certaines épreuves sont si lourdes qu'on croit les alléger en se taisant, en tâchant de faire comme si elles n'existaient pas. Vous savez, la plupart des gens portent crânement leurs blessures. Ou leurs fêlures. C'est pour cela qu'ils ont besoin de douceurs, de câlins et d'insignes de la Légion d'honneur. Pour tenir. Pour poursuivre.

Depuis que je suis revenu à Baot et que je vis, en quelque sorte, en désœuvré, je me demande quelle a pu être l'existence d'Hélène pendant toutes ces années. Une vie d'exilée. Autant dire de demi-folle. Quelle raison a-t-elle trouvée pour ne pas sombrer totalement ? Je n'arrive pas à concevoir pour qui, ni pour quoi, Hélène a vécu. Ce qui la fait se lever le matin.

– Elle a vécu comme une nonne, murmure Vincent. Par l'esprit. Pour ceux qu'elle aimait, morts ou vivants. Quand la mort lui a enlevé ceux qu'elle aimait, elle a continué comme s'ils avaient été là. Elle a aussi beaucoup parlé à maman : chaque jour, elle vient la voir à la maison.

28

Chaque fois que j'entre dans l'allée menant au manoir de Pen Hoël, je me sens mieux, et même presque bien. Son tumulte d'antan me rassure. Tout s'est passé dans cette vaste demeure du dix-septième siècle. Des générations entières y ont grandi, aimé, souffert et clamsé sans laisser d'autres traces que quelques objets, le nom d'une chambre ou d'un fauteuil, un portrait encadré d'or déjà terni.

Tout cela me rend léger. Pas seulement moi : tout le monde est léger dans cette grande baraque humide donnant sur le golfe que les bateaux de tourisme montrent avec fierté. Parfois, quelques chambres sont louées à des vacanciers, les salons pour des mariages, les Pen Hoël habitant, de Pâques à la Toussaint, l'ancienne maison des jardiniers, vers laquelle je me dirige.

J'ai pris l'habitude de faire avec Vincent un tour en bateau, chaque week-end, quand il revient de Paris. Nous sortons le *Salina* et naviguons entre les îles. Depuis les révélations qu'il m'a faites sur la manière dont

Hélène passe ses après-midi à pleurer à Séné son père et son fils, je n'ose plus parler à ma femme qui, tour à tour, m'impressionne et me fait horreur. Je la fuis.

– Bonjour, Pierre, vous cherchez Vincent. Il est au hangar à bateaux.

Françoise de Pen Hoël semble furieuse. Ses pas secs sur le gravier. N'attendant pas de réponse, la vieille baronne poursuit sa route vers le château. Son fils est, en effet, au hangar, brossant encore son bateau avec une ardeur démesurée. Son chien Fantomas le regarde, la tête entre les pattes.

– Ho ! Vincent, tu en as après qui ?

Le jeune homme (plus si jeune mais, pour moi, un gamin) se retourne, éclate de rire, « Ah ! ça se voit tant que ça ? » s'exclame-t-il. Il pose sa brosse, s'essuie le front : « Non, ça va bien, ne vous inquiétez pas, Pierre. Je me suis juste encore engueulé avec ma mère. À mon âge ! »

Françoise de Pen Hoël ne tolère pas la vie que mène son fils à Paris, le temps et l'énergie qu'il perd dans ces métiers inutiles, où l'on se bat entre soi pour montrer qu'on est, sinon meilleur, du moins plus rugueux, plus tenace ou plus agile que les autres.

– Ce que tu fais me navre, Vincent, vient-elle encore de lui dire. Tu gâches ton esprit à des jeux de mots pour vendre des nouilles. C'est minable. Penses-tu m'éblouir ou m'en imposer avec ça ?

Il a beau expliquer l'argent fou qu'il gagne en s'amusant, lui montrer des photos de lui dans les gazettes, elle hausse les épaules, ce regard comme un crachat, et quitte la pièce en le traitant de branleur et de cul breneux.

Bon. Vincent a passé l'âge d'obéir à sa mère. Laquelle a toujours été d'une telle dureté (« C'est pour ton bien, tu me remercieras plus tard ») qu'il s'était d'abord fait un devoir, puis un plaisir de la contrarier. Mais il sent, depuis quelque temps, passer l'âge où il est enivrant de défier l'autorité. Dans la sécheresse de la vieille dame, il arrive à Vincent de sentir moins de la dureté que de la panique. Des souvenirs lui remontent. Il se revoit, entre son père et elle, sur le vieux guépard, voguant vers Berder. La vie simple, sûre et solide d'alors, chacun à sa place. Sa fierté de gamin lorsque son père lui indiquait les manœuvres, la gaieté de sa mère et comme ils chantaient, tous les trois, pour passer le temps :

Les amours passées d'une jeune fille
Qui prit l'habit de matelot
Et vint s'engager à bord d'un bateau-eau,
Qui prit l'habit de matelot
Et vint s'engager à bord d'un cargo !

René mort, Françoise a perdu son entrain comme on perd un gant. Depuis, elle semble toujours impatiente et en colère. Comme remontée dans son cadre, elle regarde son fils avec rancune, ne parle plus qu'au nom des ancêtres (« Un Pen Hoël digne de ce nom vit sur ses terres ou sur la mer, jamais ailleurs. Je t'interdis de porter ton titre tant que tu mènes cette existence de voyageur de commerce ») et est devenue une raseuse telle que, d'abord, Vincent a fui.

À Paris, ville faite pour la griserie et la flânerie, et tellement contrariante lorsqu'il ne s'agit que d'y travailler, il déjeune, dîne, boit, rit, couche, s'ennuie, danse un peu avec n'importe qui et s'endort en se disant que demain, peut-être, quelque chose arrivera qui en vaudra la peine. Mais rien n'arrive jamais que quelques amourettes aussi fugaces qu'un sentiment dans le cœur d'une comédienne. Et Vincent se traîne de fête triste en fête lugubre, avec des chanteurs à bonnet de laine, des acteurs sans emploi transformés en comiques rebelles pour radios d'État, des écrivains à combines, des journalistes à combinés, des animateurs à nez comblés, tout ce monde dépenaillé, douteux, la bouche en cœur, le cœur sur la main, la main moite, la narine blanche, l'échine courbe, l'œil en zigzag, tâchant de surnager dans une ville qui se prétend la plus spirituelle du monde et où Vincent, les rares fois où il est sincère, se dit qu'il se fait vraiment chier (« L'esprit de Paris ? Mon cul ! ») en compagnie de tous ces gens atterrés qu'on ne les aime pas autant qu'ils s'aiment eux-mêmes.

– Ce pauvre Vincent me fait vraiment de la peine, m'avait dit Françoise. Je ne sais plus comment lui parler.

Il veut être libre, ne se laisser enfermer par personne. Très bien. Passer d'une geôle à une autre, est-ce être libre ? Il a beau ricaner, je sais bien qu'il n'est pas heureux. Cette vie toxique qu'il mène (qui *le* mène !), et je ne peux rien faire. Je ne peux même plus lui couper les vivres : il a plus d'argent que moi !

– Paris ne vous manque pas, Pierre ?

Nous avons mis le *Salina* à l'eau et glissons au gré des courants. La fierté de Vincent lorsqu'il a hissé la grand-voile rouge et le foc parme, aux couleurs des Pen Hoël. Il y a peu de vent.

– Non, Paris ne me manque pas. Pas plus que Milan, Rennes, Munich ou Pontivy. Pourquoi ces villes me manqueraient-elles ? Je vais dans un endroit quand j'ai quelque chose à y faire. Quand je n'ai rien à y faire, je reste chez moi, où j'ai beaucoup à faire.

– C'est drôle, mais j'ai toujours pensé que, chez vous, c'était Paris.

– En fait, chez moi, c'est là où je suis. J'ai toujours considéré que, dans un restaurant, la meilleure table est celle où je me trouve, dans un hôtel la meilleure chambre et dans mes bras la plus belle des filles. Je n'ai jamais regardé ailleurs, jamais. La vie quotidienne est quotidienne partout, Vincent. Seul le regard compte. J'ai parcouru la terre entière et n'ai réussi à me dépayser nulle part. Tandis que ta mère, qui n'a jamais quitté cette charmante mare aux canards qu'on appelle le golfe du Morbihan, s'émerveille d'un rien.

Nous avons un temps poursuivi sur le thème, puis nous avons préféré nous taire. De ce coin, Vincent connaît depuis toujours chaque caillou. Jamais le golfe ne l'a déçu ou ennuyé. Même le dimanche, malgré la foule. Même le lundi, où les aigrettes garzettes sont tristes, elles aussi. À la barre du *Salina*, il se sent gagné par un sentiment qui tient à la fois de l'allégresse, de l'indulgence et de la bonhomie. Il aime tout le monde. Le bateau est *yawr*, mot intraduisible mais qui, prononcé par Katharine Hepburn dans un film de Cukor, se comprend très bien : ce bateau est dans l'eau chez lui, élégant, souple et sûr, le vent enfle les voiles qui ombragent le pont, le soleil danse, les oiseaux zigzaguent, enfin tout est à sa place, et nous aussi.

– Avec Alain, dit Vincent d'une voix forte, quand on était gosses, on rêvait toujours de mettre le cap sur New York. En fait, on s'amusait juste à changer les voiles. On mettait les voiles des Lawton – bordeaux et noir – et on montrait nos culs aux touristes des Vedettes Jaunes. Il y avait des plaintes, et Lawton - que nous surnommions *l'étron* – se faisait engueuler.

– Lawton ? Le pharmacien ? Je ne savais pas qu'il était ami avec Alain.

– Ami ? Non, pas du tout. Alain le détestait. Nous l'avons connu à une régate à Lacanau. Tout de suite, ça a été la haine entre nous. Enfin, c'est du passé, tout ça.

– Tu cours toujours ?

– Plus beaucoup, non. Mais je vais me rattraper, je le sens. D'ailleurs, j'ai toujours ma carte de club et je suis à jour de cotisations.

– Ho ! Et la relève est là ?

– Le gros Lawton ne court plus trop. Mais il y a son fils. Pas mauvais. Gentil. Pas comme le père. Vous le connaissez, non ? Jean-Charles Lawton, surnommé Carlos Lawton. Un vrai connard. Un vrai queutard, aussi.

Un coup de vent l'oblige à se taire. Plus tard, quand nous accostons à Houat et que nous entamons ce qui, pour moi, est mieux qu'un dîner dans un trois-étoiles : une boîte de pâté Hénaff et une bouteille de muscadet qu'on laisse tremper au creux d'un rocher, Vincent me dit :

– Vous savez, Pierre, la mort d'Alain a cassé quelque chose en moi. C'était un type merveilleux, à qui tout était promis. Il avait la grâce. Il ne se rendait pas compte de tous les dons que le bon Dieu lui avait donnés, disait ma mère. Tout lui était facile. Rien ne pesait sur lui. Je ne l'ai jamais vu fâché ou de mauvaise humeur. Il semblait ailleurs. J'aurais été curieux de voir ce qu'il aurait pu faire de sa vie. Ce qu'il aurait pu donner. Rien, peut-être. Comme souvent les gens à qui tout paraît offert et que la première contrariété arrête. Mais non, pas Alain, il ne sentait pas les difficultés, c'était très curieux. Il en est mort, d'ailleurs. Il y a bientôt vingt-cinq ans qu'Alain est parti. J'en ai bientôt quarante. Nous avons été amis pendant quoi ? – cinq ans. Je vis encore de ces cinq années-là. Je m'en nourris. Parfois – souvent, même –, j'ai brusquement la sensation de m'évanouir, de m'écrouler, que mes jambes lâchent. Dans ces moments-là, j'ai seize ans, j'ai envie de chialer, l'impression qu'on m'a arraché un bras. Ça dure quelques secondes. Et puis, je repars avec plus d'aplomb, une meilleure assiette. Alain vient de me remettre en selle en me rappelant l'idéal de notre jeunesse. Ne vous moquez pas de moi, Pierre, ce que je vous raconte est très sérieux.

Je suis incapable de lui répondre : j'ai les confidences en horreur. Strip-tease moral. Parfaitement dégueulasse. Je suis partisan du *small talk* en toute circonstance, parce que l'amusant, justement, c'est la différence entre ce que disent les gens et ce que tout leur être exprime. Tout est vrai, chez les gens, sauf ce qu'ils disent.

Toutefois, ce que me raconte Vincent passe très bien parce qu'il ne trouve ça ni intéressant ni important. La bonne vieille légèreté des Pen Hoël. Il me parle comme si je ne l'entendais pas, ce qui fait que, bien sûr, je n'en perds pas un mot.

À vrai dire, Alain Bailly, mon fils, m'est aussi éloigné que le duc de Bourgogne, tel héros d'Homère ou le vicomte de Bragelonne. Il m'est plus étranger encore qu'un personnage de l'histoire, de la mythologie ou de roman. Il est ce qui peut m'être le plus lointain et le plus étranger : expulsé de moi, mon fils, mort à seize ans. Je l'ai à peine vu, je ne me le rappelle pas. Ce n'est pas de l'indifférence, c'est du respect et de la prudence. De la prudence car, si on ne prend pas ses distances, le mort finit par saisir le vif. On doit aux morts le respect, les laisser tranquilles, car ils ne nous appartiennent plus, ils ne sont plus de ce monde où, croyant chérir leur mémoire en les pleurant, nous pleurnichons surtout sur nous.

De toute façon, je n'ai cru aux liens du sang ni avec mes parents, ni avec mes enfants. Hélène avait détesté ses grossesses parce qu'il lui avait semblé que des gens qu'elle ne connaissait pas passaient par elle : se repaissaient d'elle pour l'abandonner.

J'ai du mal à me rappeler Alain. Je ne réponds rien. J'ai envie d'un morceau de pâté, mais je n'ose le demander. Dieu merci, Vincent me lance une boîte.

– Je vous ennuie avec ça, Pierre, excusez-moi. Je vous embarrasse, peut-être. Rien n'est plus éloigné d'un fils qu'un père, et c'est très bien comme ça. Je n'ai rien à dire de plus sur Alain que sur ce rayon de soleil. Alain a ensoleillé ma jeunesse, donc il a illuminé ma vie. Il est bien où il est, peut-être. Et nous, en attendant mieux, on n'est pas mal non plus. Pas vrai, Pierre ?

Et il éclate de rire.

29

Peu de temps après, j'entends se garer une voiture, la grille grincer, c'est Natalie Lawton avec un air de se justifier : « Je vous apporte des framboises du jardin, nous ne savons qu'en faire. »

Je réprime l'envie de la renvoyer (« Et moi, que voulez-vous que j'en fasse, de vos framboises ? »), mais, devant la timidité de Natalie, mon aigreur se change en gentillesse et j'ai une sorte de sourire :

– Hélène n'est pas là, mais si je peux vous débarrasser.

Je ne sais pas comment me comporter. Que faire des framboises ? Dois-je recevoir Natalie Lawton ? Et où ? À la cuisine ? Au salon ? Qu'Hélène ne soit pas là m'agace. Encombré par les framboises, j'en fais trop :

– En voilà une bonne surprise, nous allons fêter ça !

– Oh non, Pierre, je vous en prie, je passais comme ça, ne vous mettez pas en peine pour moi, vraiment.

Je la fais entrer au salon. Je suis seul. Je lui en veux un peu de me surprendre alors que je suis seul, ce qui est un signe de faiblesse, voire de ridicule mais, après tout, elle n'avait qu'à s'annoncer.

Ma maladresse semble attendrir Natalie. Et la gêner. Elle paraît saisie d'une crise de timidité aussi soudaine et irrépressible qu'une quinte de toux.

Elle veut s'asseoir dans le canapé si profond qu'elle tombe à la renverse, se redresse, croise les jambes, entend aussitôt la voix sèche de sa mère : « Une femme ne croise pas les jambes, Natalie, ça fait gaupe. » J'apporte du champagne.

Lorsque je veux lui rendre le panier qui a servi à transporter les framboises, elle dit non, non, Pierre, je vous en prie, vous me le rendrez la prochaine fois.

– La prochaine fois ?

– Nous aurons bien l'occasion de nous revoir, le monde est si dangereux.

Embarrassé, je la raccompagne un peu vite à la grille. Puis, j'ai comme un remords. Je me reproche de m'être mal conduit Si peu homme du monde. Un rustaud.

Ce remords se changea en mauvaise humeur contre ces framboises dont je ne savais que faire. Le panier dans la cuisine. Un panier ridicule, en osier, les framboises disposées dans une serviette de coton à carreaux rouges et blancs nouée par les coins. Elle se prenait pour l'ami Ricoré, ou quoi ? Ou pour Bonne Maman ? Ces framboises sur lesquelles avaient chié tous les merles, pissé tous les chevreuils et les jardiniers.

30

En remontant dans le léger cabriolet offert par Jean-Charles pour son dernier anniversaire, Natalie Lawton a comme un sentiment d'arrachement. Elle doit se faire violence pour claquer la portière, mettre le contact et démarrer sans se retourner. Elle appuie sur un bouton, *larghetto* d'un concerto de Chopin, musique qui met son mari tellement en rogne : « Ta musique lugubre, merde ! t'as pas autre chose ? Mets-nous donc un petit Dany Brillant », et qu'elle ne peut guère écouter que dans sa voiture ou à son cabinet, seuls endroits où elle se sente chez elle, à l'abri des remarques et des critiques.

– T'as même pas décapoté, c'est bien la peine !

– C'est vrai, ça, maman, c'est nul !

Le mari boudeur et la petite chérie qui n'en rate pas une. En lui offrant le cabriolet M6 V10 de chez BMW (« le meilleur moteur du monde »), intérieur cuir avec quatre vraies places, Jean-Charles Lawton aurait aimé voir sa femme se promener lentement (« avec cette voiture, on caresse la route »), la tête enveloppée d'un foulard de soie, comme les élégantes d'autrefois. Elle avait le physique pour ça, merde ! Au lieu de quoi, elle se cache sous la capote, même par un beau jour d'été.

Natalie aurait préféré garder sa Renault cabossée, qu'il avait fallu donner à Charline, laquelle, bien sûr, ne la trouvait pas assez bien pour elle.

Natalie traverse le salon. Ce salon neuf si lumineux, tout en baies vitrées dont son mari est si fier (« Quelle lumière ! »), mais qui lui flanque toujours le cafard. Elle s'efforce de sourire, elle y parvient, vieille habitude. Jean-Charles la suit jusqu'à leur chambre : « Tu es bizarre, où étais-tu ? Tu rentres un peu tard, non ? Un jour comme aujourd'hui ! Tu pourrais faire un effort le vendredi. Juste le vendredi. Je ne te demande pas grand-chose, Natalie. Juste le week-end. Le week-end pour ton mari et tes enfants. Et le vendredi pour nos amis. Surtout ce vendredi-ci, où c'est important pour moi, tu le sais très bien. Est-ce que c'est encore trop pour toi ? »

Natalie sourit franchement et lui passe doucement la main sur le menton : « Tiens, tu t'es rasé ? Alors oui, ça doit être important. Je me dépêche, Barbe-Bleue, c'est promis. »

Elle le sent se détendre. « Barbe-Bleue », ça le flatte. Jean-Charles Lawton doit se raser deux fois par jour pour être *net*. Il en est fier, de cette virilité ! Mais cette fierté, c'est un enfantillage dont joue Natalie qui, avant de passer dans la salle de bains, jette un dernier regard sur son mari désarmé.

Son mari !

Depuis vingt-cinq ans, chaque vendredi, la bande de la fac de Rennes se réunit pour préparer le week-end. Tradition qui remonte à une fameuse soirée costumée où, sous le nom de Miss Rantanplan, Natalie avait fait le spectacle, séduit Jean-Charles et pris un ascendant dont elle ne parvient pas à se défaire. Depuis, elle vit sur ce malentendu qui, certes, a donné d'elle une image peut-être flatteuse, mais fausse. Et c'est toujours vers elle qu'on se tourne pour organiser les réjouissances d'une bande d'amis qui n'entend pas se décorder.

Ce soir, ils ont encore invité Nicolas et Carole Piccard. Jean-Charles est nerveux : il compte leur demander de l'appuyer pour entrer au Rotary. Ils ne se sont pas vus depuis ce dîner à Baot où je leur avais faussé compagnie au dessert, mais Natalie avait surpris ce dialogue entre eux :

– Elle a changé, tu ne trouves pas ?

Nicolas, prudent :

– Nous changeons tous.

– Oui, mais elle, pas en bien. On a l'impression qu'elle nous prend de haut. Qu'elle nous regarde par un mâchicoulis.

Un quoi ? Nicolas tousse un peu.

– Elle a toujours été un peu comme ça. S'il n'y avait pas Jean-Charles, on ne la verrait plus.

– Tiens, mais c'est vrai ce que tu dis là.

– Dans le couple, c'est Jean-Charles qui est intéressant. D'ailleurs, le fric, c'est lui qui l'a. Elle, on ne sait même pas d'où elle sort.

Pour l'instant, elle sort de la douche et se saupoudre d'un peu de talc parfumé. Elle met un disque : le *Quintette à cordes en* do *majeur* de Schubert, cadeau d'Hélène, ce qui la lave plus sûrement encore que la douche très chaude qu'elle a prise. Il y a de la buée sur les miroirs. En entrouvrant la fenêtre, elle entend les éclats de voix de Jean-Charles, de Carole, de Nicolas, le rire de souris de Charline. Elle se dit qu'elle n'a aucune envie de les voir et resterait bien dans sa salle de bains à écouter cette musique qui transforme le désespoir non pas en bonheur, mais en joie. Cette joie qui transcende le tragique, et non ce confortable bonheur – déclinaison du mot « bonniche » – où ils se vautrent tous, à boire vulgairement des boissons sublimes au bord de la piscine.

Elle entend Carole dire à Jean-Charles :

– Viens au Rotary, c'est super, on reçoit des écrivains.

– Des quoi ?

– Des écrivains.

– Ça sert à quoi ?

– Ils parlent de leurs livres. C'est super, on se cultive. En fait, ils parlent surtout d'eux-mêmes.

Natalie devine Jean-Charles se renfrogner. Il y a quelque temps, ça l'aurait fait sourire. Ce ton ahuri :

– Des écrivains ! dit-il d'un air dégoûté. Et tu lis leurs livres ? Je veux dire : on est obligés de les lire ?

Carole éclate de rire :

– Mais non, que tu es bête ! Non, je les écoute en parler. Ça me cultive.

– Ah ! tu es cultivée, toi ? Ben voilà autre chose ! Encore un peu de champagne ?

Jean-Charles a failli dire : « Et ça sert à quoi d'être cultivé ? Ça te rapporte combien ? » Mais il y a Charline et, devant elle, parce qu'elle est étudiante, il doit donner l'exemple.

Soudain il se met en rogne. Il se sent mal à l'aise, il n'aime pas ça. Il a comme un coup de sang, très bref. Et il en veut à Carole. Qu'est-ce qu'elle vient les faire chier, avec ses écrivains ? Lui en a vraiment rien à branler, il cherche juste à jouir de la vie et, s'il veut entrer au Rotary, c'est pour boire des coups entre gens bien élevés. C'est vrai, avec la vie de folie qu'on mène, on ne voit plus personne !

Avant de refermer la fenêtre, Natalie a juste le temps d'entendre Carole demander à Charline :

– Et toi, l'étudiante, comment ça se passe à Paris ?

– Ça va. Mais le métro, ça pue. Et puis tous ces mendiants, ça me dégoûte. On devrait faire quelque chose. Je ne sais pas, moi, les mettre quelque part.

Natalie est nue. Toute nue, même : c'est plus joli de le dire comme ça, Natalie est toute nue. Elle s'allonge sur la méridienne, cale bien son dos sur le drap d'éponge jeté sur le dossier. Cheveux relevés en chignon, épingles fichées çà et là. Jean-Charles préfère qu'elle garde les cheveux longs mais, à son âge, ça devient ridicule ; et, dans son métier, presque impossible : « D'accord mais, à la maison, tu ôtes tes épingles, Nat », ce qu'elle ne fait plus si souvent. Et de quoi se mêle-t-il ?

Ces réflexions qu'il lui fait, parfois.

Elle sent l'eau lui couler sur la nuque. La musique de Schubert couvrant les rumeurs de conversation. Natalie se dit qu'elle se lèvera lorsque ses cheveux seront secs. Elle les saupoudrera de poudre de lycopode, plongera la tête en avant, la renversera en arrière, se les brossera dans tous les sens et les rendra souples et brillants. Jean-Charles adore voir ça. Il s'allonge sur le lit, menton dans les mains, devant ce spectacle ravissant : sa femme à sa toilette, les gestes précis et gracieux qu'elle a, et ce sérieux qui le fait rire et qui…

Mais tout cela, c'était il y a si longtemps.

31

Bien sûr, Natalie s'endort dans la salle de bains. Jean-Charles vient la réveiller mais, pendant tout le dîner, elle reste un peu hébétée. Elle les regarde, tous, comme s'ils étaient des étrangers. Elle se dit : « Je suis chez moi », et ne se sent pas chez elle. Elle se dit : « Voici mon mari », « Voici ma fille », « Voici mon amie de jeunesse et son mari, j'ai été témoin à leur mariage, je devrais les aimer », et elle ne les aime pas ou, plus exactement, elle se moque de tous ces gens qui s'agitent chez elle.

Chez elle ? Elle regarde sa maison, tant admirée, enviée, photographiée. Non, elle n'est pas chez elle ici.

Devant le retrait de Natalie, qui donc se met en avant ? Carole. Carole, très à l'aise. On croit toujours que les gens sont contents de leur sort, alors qu'ils ne le sont jamais. Sauf Carole. D'ailleurs, a-t-on jamais vu Carole mal à l'aise ? Faisant des commentaires sur la cuisine.

– Excellent, ces concombres. Mais un peu amers, non ?

– C'est moi qui les ai faits, dit Charline.

– Excellents, ma chérie, mais un peu amers. Tu as dû les éplucher par le mauvais bout. Tu sais que les concombres, il faut les couper en commençant par le bout rond. Sinon, ils deviennent amers. C'est ce qui a dû se passer, je crois. Non, je n'en reprendrai pas. Sinon, je vais en manger toute la nuit. Enfin, je me comprends. Vous saviez que le concombre, c'est de la même famille que le tabac ?

On laisse Carole parler, ce qu'elle adore, se jugeant intéressante, et même originale. Ainsi se lance-t-elle dans un numéro qu'elle pense irrésistible sur la manie qu'elle a de se rendre, au moins une fois par semaine, à un enterrement, un peu au hasard. Elle raffole de voir souffrir les gens : « C'est toujours intéressant, ça remet les idées en place. Cette semaine, je suis allée à Carnac enterrer un petit jeune qui s'est viandé en sortant de boîte. Un marin. Vingt et un ans, copine enceinte, trop tard pour avorter, ils parlaient de se marier, il n'avait pas bu, un poivrot lui est rentré dedans, trois tonneaux, mort sur le coup, c'est pas beau, ça ? Le discours du père et de la gamine, un grand moment. Mais ça valait pas celui du curé, un jour, à Pontivy, à l'enterrement d'un type brûlé vif parce qu'il avait allumé une cigarette au cul d'une vache qui lâchait une caisse. C'est mon meilleur souvenir, je crois. Pour l'instant. »

Dans ce numéro chacun, sentant son rôle, intervient à point nommé pour garantir le succès de Carole. Jean-Charles rit (trop) fort, Charline s'extasie et Nicolas la relance sans trop l'écouter ni lâcher son verre qu'on s'échine à remplir aussi vite qu'il le vide. Seule Natalie reste en retrait. Elle se dit que, décidément, Carole est la vulgarité même. Jolie femme, certes, appétissante pour qui aime le colossal, mais il semble qu'elle ait de la merde à la place du cerveau : quand elle a parlé, on dirait qu'elle a pété.

Natalie suit le regard de Carole. Regard d'huissier. Elle sait l'impression que peut produire cette maison tape-à-l'œil où ils ne sont installés que depuis deux ans, et elle en est gênée. Elle-même s'y sent souvent en visite. À part sa salle de bains, elle n'est à l'aise nulle part. Contrairement à Jean-Charles, trop heureux de faire les honneurs de sa villa à qui le demande et n'épargnant aucun placard à ses visiteurs. Pour un peu, il aurait rédigé une brochure. Louis XIV faisant visiter Versailles.

Mais ce soir, Natalie trouve que Jean-Charles fait moins le mirliflore. Impressionné, intimidé, il veut plaire, ça se sent. Ou, du moins, elle le sent.

– Encore un peu de rosé, Nicolas ? Qu'en penses-tu ? Je le fais venir de la propriété. Je te ferai visiter ma cave, si tu veux, j'ai des trucs pas mal.

– En tout cas, vous avez un jardin magnifique.

– C'est un jardin de rapport. Nous pourrions presque y vivre en autarcie.

– Que veux-tu dire ?

– Eh bien, nous y cultivons pas mal de choses. Légumes, fruits, fleurs. En ce moment, tiens, nous avons des framboises merveilleuses. Charline, ma chérie, va chercher le panier de framboises – elle vous en a préparé un plein panier : en ce moment, c'est un vrai feu d'artifice –, nous allons en mettre dans le champagne. C'est délicieux, les framboises, dans le champagne. Ça porte bonheur.

32

On cherche le panier de framboises. Natalie sort de sa rêverie.

– Je l'ai donné, murmure-t-elle. À une patiente.

Hoquet de Jean-Charles :

– Quoi ? Les framboises que Charline a cueillies pour Carole !

Natalie éclate de rire.

– Ah ! c'était pour Carole ? Excusez-moi, je ne savais pas. Ne t'inquiète pas, Carole. Des framboises, il y en a plein le jardin. Je t'en apporterai demain.

– Tu es gentille.

– Et mon panier ? demande Charline.

Natalie ne répond pas, sa fille insiste, le ton monte, ça dégénère. Après le départ précipité des Piccard, Jean-Charles traîne Natalie dans leur chambre :

– Je ne te demande pas grand-chose, Natalie. Juste d'être à mes côtés, de temps en temps, et de m'aider dans mes affaires. Même pas de m'aider, car je ne vois pas quelle aide tu pourrais m'apporter. Je te demande juste de ne pas me gêner et de ne pas me nuire. Est-ce déjà trop pour toi ? Ton attitude de l'autre jour, lors de la croisière à Berder, quand j'étais au Sénat, ne t'a pas suffi ? Tu crois que je n'ai pas vu ton manège avec Bailly, ce vieux ringard ? Toute la soirée, tu as cherché à me déconsidérer auprès des Piccard. Alors que lui peut m'être utile.

– Vraiment ! À quoi ?

– À entrer au Rotary. Parfaitement. Ne ris pas comme ça, idiote ! C'est très utile, pour les affaires, le Rotary. On a des contacts. Et puis, c'est des gens élégants.

– Élégants ? Les Piccard, élégants ? Mais regarde-toi, mon pauvre chéri. L'élégance. Qu'est-ce que tu connais, toi, à l'élégance ?

– C'est Miss Rantanplan qui dit ça ?

– Laisse-la donc où elle est, Miss Rantanplan. Elle est morte depuis vingt-cinq ans, Miss Rantanplan.

– Eh bien, c'est dommage. Je m'amusais bien avec elle. Elle avait du chien, elle, au moins. Et elle me plaisait beaucoup.

– Pose cette bouteille, Jean-Charles.

– Et pourquoi donc ?

– Tu as déjà beaucoup bu ce soir. Beaucoup trop.

– Hé ! Ne reproche à ton homme ni ce qu'il boit, ni ce qu'il mange, ni ce qu'il fume : il fait ça pour toi.

– Pour moi ?

– Pour te supporter. Pour supporter d'avoir raté ma vie à cause de toi.

Jean-Charles appartenait à cette branche des Lawton qui n'était pas dans le vin. Papa Lawton tenait une officine, maman Lawton prenait des airs. C'est qu'ils s'y croyaient. Bien qu'ils ne fussent pas *les* Lawton de Bordeaux mais *des* Lawton de Bordeaux, ils prenaient tout le monde du haut de leur grandeur et comptaient sur leurs deux fils (et leurs deux belles-filles : sans femme, un homme ne peut rien dans le monde) pour finir l'ascension sociale. L'aîné, Jean-Christophe, avait entamé une carrière politique dont on pensait qu'elle le mènerait loin, car il était au Parti socialiste, ce qui est un gage de vertu et, presque, de génie. Quant à Jean-Charles, il avait dévié. Après de bonnes études en pharmacie qui auraient pu faire espérer qu'il reprendrait l'officine de papa, il s'était plutôt lancé dans le commerce et avait épousé une sauvage tombée d'on ne savait où.

La vraie passion de Jean-Charles avait été pour le bateau. Tout petit, déjà. Ce qui l'avait amené à boire la tasse sur toutes les plages de Gironde. Les parents, enchantés, sport élégant, traditions, meilleures familles, relations, n'avaient pas ménagé leur soutien.

Or Jean-Charles, à l'époque, n'était pas snob. À l'entraînement, en compétition et même en promenade rien ne comptait pour lui que l'état de la mer et du vent, le réglage des voiles ou le cap à respecter. C'était un acharné. Pas le plus doué, peut-être, mais le plus tenace. Un peu corpulent, il n'avait pas la souplesse pour se mouvoir vite sur les légers dériveurs, mais il sentait bien la force de la mer, le poids de l'air, l'humeur et les parfums des vents, les vols des oiseaux, tout cela entrait en lui pour en ressortir sous forme de certitudes : il savait. On lui obéissait d'ailleurs spontanément lorsqu'il était en équipage, on surveillait ce qu'il faisait dans les régates, on commentait ses courses, ensuite, au bar du club. Jean-Charles Lawton était considéré avant même d'être considérable.

La passion l'emporta toujours chez lui sur les préoccupations sociales. Aussi les parents Lawton s'alarmèrent-ils de le voir rudoyer, pour des raisons sportives, les rejetons de parents qu'ils cajolaient par calcul mondain. Ils firent des allusions, puis des réflexions. Jean-Charles haussait les épaules : le petit Machin était nul, il n'en voulait pas à son bord, rien d'autre à discuter, mêlez-vous de ce qui vous regarde. Les pharmaciens cessèrent leur soutien. Tout à son élan, Jean-Charles ne s'en aperçut même pas.

Pour autant, n'étant pas un fougueux, Jean-Charles choisit de domestiquer cette passion pour la mettre au rang des distractions faites pour rendre supportable la vie quotidienne. Il n'entendait abandonner pour le bateau ni ses études, ni sa vie sociale et amoureuse. Faire de la voile un métier, c'est-à-dire une manière de gagner sa vie, lui paraissait vulgaire. Les marins professionnels passent les trois quarts de leur temps à chercher de l'argent auprès d'entreprises qui leur demandent : « Et ça me rapportera quoi ? », et moins de temps en mer que tous ceux qui, comme lui, ont un bateau au bout de leur jardin.

Étudiant, tous les week-ends, et dès qu'il le pouvait, Jean-Charles partait s'entraîner : le cul sur un bateau dès que possible. Un vrai sauvage, soupirait sa mère, dégrisée. Ce fut lors d'une fête, après un entraînement à La Trinité, qu'il rencontra Natalie.

Natalie ne plut pas aux Lawton. Non seulement elle n'était pas de Bordeaux, mais on ne savait rien d'elle ni de sa famille, mystère qui enchanta Jean-Charles, soulagé d'avoir la fille sans la famille. Le rêve. Mieux encore : épouser Natalie le libéra de ses propres parents, qui boycottèrent la noce, et de leurs rêves de gloire.

De Jean-Charles, Natalie aima les absences, les copains, les conversations, cette folie joyeuse que le bateau mettait dans leur vie. Et ce grand gamin qui jamais ne l'invitait à son bord. Pour lui, le bateau, c'était la course, pas le pique-nique familial, pas la promenade, pas la croisière et, surtout, surtout pas la famille.

– Tu n'aimes pas la mer, Natalie. Tu n'as même pas besoin de me le dire, tu ne le sais d'ailleurs peut-être pas toi-même, mais je le sais pour toi.

Il n'avait pas tort : Natalie aimait la mer du rivage. Voire du bar.

Le temps a donc renforcé, en chacun d'eux, le trait de caractère qui les distingue et les éloigne. Il arrive à Jean-Charles de voir, dans les journaux, les photos de ses potes devenus bâtonniers, députés, présidents de chambre ou décorés de l'ordre national du Mérite, et la vieille ambition des Lawton le saisit. Alors que Natalie, depuis qu'elle a rencontré Hélène, a vraiment changé.

Tous les patients de Natalie Lawton feuilletaient, dans la salle d'attente, des magazines. Hélène était la seule à y lire des romans. Toujours un livre dans son sac. Et jamais pressée. Il arrivait fréquemment qu'elle demandât à passer son tour parce qu'elle n'avait pas fini un chapitre. Une fois même, ayant rendez-vous à dix-sept heures, elle n'était passée qu'à dix-neuf heures parce qu'elle voulait savoir si Clotilde de Grandlieu allait épouser Lucien de Rubempré. La bêtise de cette fille l'avait ulcérée à un point tel qu'elle n'avait pas pu se retenir de dire à Natalie tout le mal qu'elle en pensait. Natalie se mit à rire, puis à lire, et elles étaient devenues amies.

Pour Natalie, tout a changé depuis cette rencontre avec Hélène. Jusqu'alors, elle n'imaginait pas qu'il fût possible de vivre autrement que comme ses amis et eux vivaient. Occupations, préoccupations, conversations, toujours les mêmes, tous enfermés dans cette monotonie où ils se donnaient depuis vingt-cinq ans en spectacle les uns aux autres pour mieux se convaincre qu'ils étaient dans le vrai.

L'amitié d'Hélène était si importante pour Natalie qu'elle s'était bien gardée d'en parler à Jean-Charles qui, soit salissait tout, soit voulait tirer profit de tout. Il fut bien surpris de voir des livres dans la maison, mais il se tut. Après tout, c'est décoratif et ça fait chic.

Mais ce soir-là, le ton monte fort entre les Lawton. Trop fort, même, pour Natalie.

33

En pleine nuit, j'entends des coups dans la porte, des appels, des cris, des pleurs. Je devrais me lever d'un bond, mais je suis moins rapide et moins courageux qu'Hélène, laquelle, sans m'attendre, est allée ouvrir.

Quand j'entre dans le salon, j'ai un choc. Je vois des bagages ouverts, des vêtements éparpillés. Et, face à la fenêtre, Natalie qui renifle en regardant vers l'île aux Moines. Au même instant, Hélène arrive par une autre porte. Aucune ne me voit. Natalie se retourne vers Hélène, sourit faiblement, hausse les épaules. Elle tord un mouchoir qui semble avoir beaucoup servi. La barbe ! semble se dire Hélène. Natalie hésite un peu puis, se détournant de la fenêtre, se jette dans les bras de ma femme où elle s'abandonne un temps, les larmes aux joues, avant de se reprendre :

– Excusez-moi !

Les chagrins des autres sont assommants et, souvent, si faciles à régler. Hélène a toujours résolu ceux d'autrui et les siens à coups de claques et de coups de pied au cul. Elle ne s'est jamais sentie plus importante que cette rose qui, ce soir, sera fanée ; que ce livre qui dans un mois sera oublié ou que ce chat qui traverse le jardin et regarde passer le soleil dans le ciel changeant. Je la connais assez pour savoir que les larmes de Natalie l'agacent mais, après avoir hésité (je le vois), elle se fait bonne fille. La copine qui comprend la vie. Elle ne la comprend pas plus que ça mais, quoi, c'est ce qu'on attend d'elle. Depuis sa naissance, elle se contente de tenir sa place car elle ne se trouve pas si intéressante qu'elle doive avoir une destinée autre qu'assumer, maintenir, passer la main. Voilà tout. Elle déteste le laisser-aller et qu'on raconte ses malheurs.

– Tout change et tout reste, Natalie, lui dit-elle en marchant de long en large, les bras croisés, parlant vite et fort, avec l'air d'une folle, comme si elle parlait toute seule. Foutez-vous donc de ça, Natalie ! *(Elle se met à voussoyer sa chère amie qu'elle a jusqu'alors toujours tutoyée.)* Chagrins et joies ne comptent pas. Des humeurs, rien d'autre. Un pet sur une toile cirée, comme disait mon père. *(Là, elle marque une pause, comme pour appuyer l'argument, puis reprend ses enjambées et poursuit son prêche. Plus qu'un recteur, pourtant, on dirait un entraîneur tentant de ragaillardir ses joueurs après une mauvaise première mi-temps.)* Jouez un coup d'avance, chassez le chagrin par la joie. Surtout, ne me racontez rien, mais dites-vous que ce qui vous arrive est arrivé à des millions de femmes avant vous. Donc, la solution a été trouvée déjà des millions de fois. Aucun chagrin ne vaut qu'on s'y attarde. Prenez-vous de haut. Mouchez-vous. Ayez souci de votre allure, et tout ira mieux.

Natalie veut protester mais Hélène est lancée :

– Votre chagrin, qui a pour vous une si grande importance, n'en a aucune pour moi. Pour vous, il existe ; pour moi, il n'est rien. Qui se trompe, vous ? Moi ? Vous avez, je suppose, déjà pleuré pour des riens que vous avez oubliés, non ? Alors, souriez. Sauf si vous aimez pleurer. Il y a tellement de gens qui raffolent de ça. Il y a des malheurs plus grands que de s'engueuler avec son mari, vous savez, Natalie.

Et, soudain très en colère, elle quitte le salon.

C'est alors que je fais mon entrée. Natalie me raconte, en reniflant beaucoup, la scène qu'elle vient d'avoir avec Jean-Charles.

– Je ne peux pas, conclut-elle, rentrer chez moi après ce qu'il m'a dit.

– Ce serait reconnaître une culpabilité, Natalie.

– Devant ma fille. Et Thomas qui n'était pas là.

– Qui est Thomas ?

– Mon fils. *(Elle sourit tristement.)* Enfin, plutôt notre fils.

– Écoutez. Vous avez vu Jean-Charles en colère, et il vous a fait peur.

– Je ne l'avais jamais vu comme ça. Il m'a fait peur, oui.

– Le propre de la colère, c'est de ne pas durer. L'ivresse, c'est la même chose. Quitter le domicile conjugal serait un aveu.

– Un aveu de quoi ?

– De faiblesse, déjà. Et d'ailleurs, peu importe. S'il cherche, il trouvera. On vous a vue avec moi chez Le Strat. Vous êtes venue m'apporter un panier de framboises, et…

– En fait, c'est à Hélène que…

– Peut-être, mais elle n'était pas là, et vous m'avez parlé, à moi. Et on a pu reconnaître votre voiture devant ma grille. Et vous venez maintenant encore chez moi après une dispute. Voilà. Ça suffit. Mettez ces trois éléments côte à côte, les apparences sont contre vous.

– Bien, j'irai au Roof ou n'importe où, mais je ne retournerai pas dans cette maison. Jamais. Peu importe que vous m'approuviez ou non. Je suis indépendante, vous savez. Je gagne ma vie. Et même assez bien. Je peux prendre ma liberté. D'ailleurs, ce n'est pas une question d'argent : la liberté ne s'achète pas, elle se prend, non ?

– Certes, Natalie. Mais la liberté se paie, donc elle s'achète.

Sur cette phrase définitive, je laisse Natalie seule au salon, et vais plaider sa cause auprès d'Hélène qui refuse obstinément de l'héberger, même pour une nuit. J'essaie d'argumenter. En vain. Hélène tourne en rond et parle très fort :

– C'est ma meilleure amie, d'accord, mais je n'en veux pas chez moi. Je suis son amie, pas sa complice. Je n'ai pas à supporter les conséquences d'une décision qu'elle a prise sans m'avoir demandé mon avis. Qu'elle assume. Je n'ai pas à choisir entre elle et son mari.

– Mais enfin, Hélène, tu connais à peine son mari.

– Je l'ai reçu, il m'a offert du bordeaux. Ça n'est pas rien, désolée. Et je l'ai reçu plusieurs fois. Cela suffit. C'est un homme valable. Je n'ai pas à me mêler de leurs histoires. L'accueillir, elle, ce serait l'accuser, lui.

34

C'est amusant, des gens qui vivent : ça change.

D'abord étonnée, Natalie Lawton trouva vite très naturel d'avoir quitté son mari.

Elle commença par avoir cet air mi-triomphant, mi-éberlué de qui vient d'accomplir un exploit : nageur sortant d'une traversée de l'Atlantique, sauteur à l'élastique, ou quiconque a réussi à écouter jusqu'au bout une chanson de Zazie. Ne s'en pensant pas capable, elle l'avait fait. Ou, plus exactement, quelque chose en elle s'était accompli, qui l'avait rendu possible, et en quoi Natalie reconnaissait le meilleur d'elle-même, réveillé par la colère de Jean-Charles. Et ça la faisait rire.

Jean-Charles n'insista d'ailleurs pas, comme on l'avait d'abord craint. Il fit porter à Larmor quelques malles au cabinet de Natalie. Laquelle, en retour, fit rapporter le cabriolet BMW M6V10 et roula tout l'été dans la voiture d'Hélène, un vieux coupé Alfa Romeo Spider Duetto qu'elle aimait beaucoup, mais qu'elle voulut bien prêter à son amie pour se faire pardonner son intransigeance de l'autre nuit.

Après un séjour au Roof, Natalie s'installe à Pen Hoël. Où, dès le lendemain – surprise ! –, arrive Thomas Lawton dans sa vieille guimbarde. Il avait vu, en mer, les voiles rouge et parme, et le *Salina* entrer tranquillement chez lui. Comme en dansant. Reconnaissable entre toutes, la bonne vieille allure de promenade du *Salina*, barré par Vincent, le meilleur connaisseur des vents et courants du golfe :

– Tu as donc remis le *Salina* à l'eau, Vincent.

– Tu vois. Il t'attend.

Jamais Jean-Charles Lawton n'avait voulu emmener son fils en mer : « Merci bien, j'ai si peu l'occasion d'être tranquille. Quand je sors mon bateau, c'est pour qu'on me fiche la paix. » D'ailleurs, Jean-Charles n'emmenait personne, pas même Charline qui, de toute façon, préférait les hors-bords et la Méditerranée.

Les pires souvenirs d'enfance de Thomas : voir son père se préparer, lui demander de l'aider, lui laisser croire qu'il allait l'emmener : « Cours chercher un gilet de sauvetage » et, quand le gamin revenait, tout heureux, il voyait partir le bateau. Son père n'avait pas un regard pour lui, pas un mot, quand il rentrait. Un jour, Vincent de Pen Hoël, le trouvant en pleurs de rage sur la cale, l'avait embarqué : « Ne t'inquiète pas, mon petit vieux, on va lui faire sa fête. » Ils l'avaient rattrapé, dépassé, à la stupeur de Jean-Charles qui, pourtant, au retour, avait fait bonne figure. Natalie avait retenu Vincent à dîner. Jean-Charles, repris par le snobisme bordelais de papa-maman Lawton, lui avait fait goûter son cheval-blanc 1970 « de derrière les fagots. J'en ai un 47, mais bon… ». Et, sitôt Pen Hoël parti, il avait dévissé la tête de Thomas (« petit con ! ») d'une gifle que Natalie n'avait ni oubliée, ni pardonnée.

Par souci de tranquillité, le garçon filait doux devant Jean-Charles qui regrettait la faiblesse de son fils : « Un mou, peut-être un con, en tout cas un vicelard à faire des coups en douce. Ma plus grande déception. Heureusement, j'ai ma fille. Elle, au moins, a du tempérament ! »

Jean-Charles critiquait tout ce que son fils aimait : musique, vêtements, coiffures, filles, rien n'allait jamais. Il le charriait. Thomas serrait les dents, se voyait remis à sa place s'il répondait à son père, lequel, pourtant, les années passant, avait tenté d'avoir avec lui une complicité de copains qui répugnait au jeune homme.

Leur rivalité, sourde à terre, se déchaînait en mer, où Lawton était un faune, un barbare, un pirate, se permettant tous les coups, les moins défendables surtout, c'était tellement plus drôle. Thomas, au contraire, peu à peu assuré de sa supériorité, ménageait son père, lui laissant, après l'avoir inquiété, l'avantage par une volontaire erreur de manœuvre qui dupait Jean-Charles. Au bar, il riait de bon cœur et se moquait devant tous de ce pauvre Thomas et de ses deux mains gauches !

35

Ma démission de cette commission de pépères de la chambre de commerce (de-de-de-de, quatre génitifs à la file, plus fort que Flaubert, qui s'était rendu malade d'avoir laissé passé cette *monstruosité*, « d'une couronne de fleurs d'oranger »), ma démission, donc, arrangea tout le monde : les pépères parce qu'ils purent se rendormir, Hélène un peu humiliée d'avoir été rabaissée au rang d'épouse lors des cocktails, dîners et autres réjouissances où passait la moitié de notre budget ; et moi, heureux d'être débarrassé de ces doryphores.

– Que vas-tu faire, maintenant, Pierre ? me demanda-t-elle, tout de même inquiète.

– Du bateau.

Elle tiqua, bien sûr : du bateau. Mais, au moins, j'étais dehors, à l'entraînement avec Vincent et Thomas, m'étant acheté une de ces plates en V qu'on appelle donc, dans le golfe, des guépards, et prenant des leçons au club. J'avais même choisi les couleurs de mes voiles, reprenant celles d'Alain : jaune et blanc. Ayant obtenu ce qu'elle avait voulu : me caser, Hélène cessa ses dîners. Elle se retrouva comme avant, seule avec Nelly Pilou soudain désœuvrée, dégrisée, pleine de rancune.

Rancune se transformant en haine, suite à une lecture qu'Hélène avait faite d'un de ces romans sociaux dont elle raffolait, et où l'on voit des pauvres se débattre dans des problèmes d'argent dont elle n'imaginait même pas qu'ils pussent exister : pour elle, la plus dépaysante des aventures.

De fait, Hélène n'aime que les livres où les pauvres ne peuvent se payer l'hôpital et meurent à la fois de faim, de froid et de vermine. Enfant, elle jouait à la Petite Fille aux allumettes (avec le briquet Dupont de son père, car il n'y avait pas d'allumettes à la maison). Puis elle se régala des livres de Dickens, Jules Vallès, Guéhenno et Palliser, où les enfants sont misérables et maltraités. Elle avait adoré, chez Jules Romains, la scène des souliers jaunes du petit Louis. Comme elle sanglotait, elle qui avait le goût des larmes ! Tandis que les histoires de reines, même avec des malheurs, l'ennuyaient.

Elle venait de lire, en ronronnant, une histoire de pauvres gens poursuivis par des huissiers et dont on louait « la générosité du regard empathique sur le sociétal ».

Je haussai les épaules :

– Je vois. Le genre édifiant. Littérature sulpicienne. Bons sentiments. Larme à l'œil. Ce genre de bouquins qui donnent bonne réputation à qui les écrit et bonne conscience à qui les lit. Pleurons bruyamment sur les malheurs du monde, c'est ce qui marche en ce moment, coco. Voyons, Hélène, comment peux-tu être dupe ?

– Et toi, Pierre, comment peux-tu être aussi cynique ? Ces romans-là, c'est du vécu, du senti, ça sort des tripes !

– Alors, nous sommes d'accord car, en général, ce qui sort des tripes, c'est de la m…

– Mais comment peux-tu être aussi vulgaire ? Lis-le donc, on verra après !

Elle me jeta le livre à la tête.

Je l'ai lu, comme disait l'autre, d'un derrière distrait. C'est l'histoire d'un moniteur d'auto-école de Saint-Malo qui boit du whisky parce qu'il a des malheurs. Si, avec les mêmes tourments, ce type avait été, je ne sais pas, moi, un riche architecte d'intérieur pilotant une Ferrari à Saint-Tropez, on aurait ricané – « alcoolisme mondain » –, haussé les épaules – « cette petite musique, quelle scie ! » – ou pris des airs excédés. Mais, parce que le gars conduit une Simca 1000 et doit de l'argent à sa banque, on tremble, on s'apitoie, on s'extasie. Par snobisme social, on n'ose pas rire devant cette production qui tient moins de l'art romanesque que de cette robuste et pataude littérature de patronage qui plaît tant à ma femme.

Depuis qu'elle avait lu ça, Hélène voulait vivre « à hauteur d'homme » en « questionnant le monde ». Les gens qu'elle rencontrait ne cachaient-ils pas cette maladie honteuse que lui sembla être la pauvreté, au début du troisième millénaire ? Pour Hélène, de toute bonne foi, la pauvreté était aussi démodée en France que la tuberculose ou la syphilis : si on était pauvre, c'est qu'on le faisait exprès. Manquer d'argent, c'était comme manquer d'éducation, de savoir-vivre, de formation : c'était posture de marginaux, d'originaux, de snobs.

Parce qu'elle a entendu parler, par le comptable Langlois, des difficultés de la boucherie Pilou, dues notamment à la décision que j'avais prise, avant de quitter le groupe Maudet, de rationaliser ses abattoirs, Hélène s'intéressa pour la première fois à la fortune de Nelly. Elle y mit de l'enthousiasme, c'est-à-dire de la maladresse, lui posa de telles questions sur sa vie, son mari, ses enfants (« Vous n'êtes pas surendettés, au moins ? Méfiez-vous des crédits revolving, Nelly, ce sont des crédits-revolvers. On se laisse embobiner, un jour on ne peut plus rembourser et les huissiers viennent prendre la balançoire des enfants ») et sur ses projets (« Mettez de l'argent de côté, surtout. Pour votre retraite. Je ne serai pas toujours là ») que Nelly s'en était trouvée bouleversée. Elle était rentrée chez elle en disant à Fabrice :

– La mère Bailly en a encore après moi, c'est sûr.

Et, pour ne pas risquer l'humiliation d'être débarquée, elle avait préféré ne pas revenir à Baot et proposa ses services à Françoise de Pen Hoël.

36

– Monsieur Pilou, vous avez été bien long pour cette livraison. M. Fillon attend sa commande. Et vous êtes là, à bavarder.

Nous sommes aux halles de Vannes. C'est avec moi que Fabrice Pilou bavarde. Je suis venu plaider la cause d'Hélène, qui brame après Nelly, dont le départ l'a chamboulée. Derrière la caisse, une dame a fait cette réflexion à voix haute et sèche. Les vendeurs ont baissé la tête. D'un coup, je n'existe plus pour Fabrice. Je m'écarte et, à la sortie du stand, tombe sur M. Guilloux, l'ancien boucher :

– Ça me désole un peu ce qui se passe là, monsieur Bailly. C'est pas le père Maudet qui aurait laissé faire ça. *(Il hoche tristement la tête.)* Maudet aimait l'argent, ça oui, mais il avait le respect du beau travail. Et ça, voyez-vous, ça s'est perdu, c'est fini. Ce qu'ils ont fait là, c'est mal. Fermer les petits abattoirs, c'est peut-être plus rentable, mais il faut transporter les bêtes plus loin. Elles stressent. Vous abattez alors une bête nerveuse. Et la viande sera moins bonne. Vous foutez en l'air le travail de l'éleveur pour économiser une misère. *(Il lève l'index, hausse vers moi sa petite taille et, furibard, s'écrie :)* Or, cette viande est achetée par une clientèle qui n'est pas à quelques euros près, mais qui veut la qualité ! *(Il écarte les bras, baisse les épaules, genre CQFD, et murmure :)* Je vous admire de garder votre calme. Car je suis, figurez-vous, très en colère.

Il en a les larmes aux yeux, le pauvre bonhomme. Je n'ose lui répondre que c'est moi – et moi seul – qui ai fermé les petits abattoirs. Ils n'étaient plus aux normes, il aurait fallu les réhabiliter, j'ai préféré les détruire, vendre les terrains, édifier un grand complexe régional avec laboratoire de transformation.

Fabrice Pilou est happé par la boutique, les clients, les employés et court de tous les côtés. « Oui, monsieur Bothorel, vingt minutes à 180°, le rôti. Voici vos saucisses, monsieur Picollec, de belles chipolatas, vous pourrez vous en faire un collier ! Pour combien de personnes, le pot-au-feu, monsieur Fillon ? Je vous donne des os à moelle aussi pour Gloria et Irène ? Oui ! il faut leur apprendre de bonne heure ce qui est bon. Et puis je vous ai préparé aussi le rôti de veau Orloff, fourré fromage et bacon. Vous n'aurez qu'à le passer au four, puis à le flamber au cognac. Mais attention, monsieur Fillon, du cognac ordinaire ! Pas celui que vous avez reçu en cadeau pour votre prix ! » Il esquisse quelques mouvements de paso doble, surveillé par la grosse dame qui s'est perchée derrière sa caisse comme une poule surveillant ses poussins. En fait, elle n'a d'yeux que pour Fabrice et lâche ses ordres : « Fabrice, le rôti de M. Martin-Chauffier. Fabrice, on vous demande au téléphone. Fabrice, Me Tattevin vous attend. » Et le brave Fabrice de courir partout, comme téléguidé par la voix de cette grosse dame méprisante.

– Ça aussi, ça me rend triste, voyez. Cette dame, c'est Mme Malenfant, la mère de Nelly. Une vieille carne. Elle a mis de l'argent dans l'affaire, mais elle fait fuir la clientèle. Voyez comme elle parle à Fabrice devant tout le monde. Elle ne pense qu'à l'argent, à sa marge, et se moque bien de la qualité. À elle, les nouveaux abattoirs vont très bien. Le petit Fabrice essaie de se battre, mais il ne fait pas le poids. Elle trouve qu'il achète sa viande trop cher. Fabrice est dépassé. C'était un bon second, mais il n'est pas taillé pour faire le patron et ne sera jamais maître chez lui.

Tout à coup, Mme Malenfant quitte sa caisse (« Malika, remplacez-moi ! »), s'avance vers nous : « J'aimerais vous parler » et nous entraîne dans un café.

– Voyez-vous, monsieur Guilloux, j'aimerais autant que vous ne veniez pas rôder par ici. Soyez gentil. Vous dérangez le personnel.

Le bonhomme prend ça en souriant :

– C'est plus fort que moi, madame Malenfant. Que voulez-vous, cette affaire, c'est moi qui l'ai créée !

– Oui, mais vous venez tous les jours. Tous les jours ! Je vous vois, vous savez. Vous restez là, à regarder. À surveiller. À faire des commentaires. Ça dérange le personnel. Quand vous êtes là, Fabrice n'est plus le même.

– Hé, dites, Fabrice, c'est moi qui l'ai formé, c'est quand même pas moi qui vais le gêner. Je lui ai tout appris. Enfin, je lui ai appris ce qui s'apprend car, le reste, il l'avait dans la peau.

– C'est possible. Il a certainement été un bon ouvrier. Maintenant, il doit apprendre à devenir un bon patron. C'est pas gagné. Et tant que vous serez là, à tourner en rond et à faire des réflexions à tout le monde, il n'y arrivera pas.

– Hé dites, les halles, c'est à tout le monde, peut-être !

– Tant qu'on gagne de l'argent, oui. Mais c'est loin d'être le cas. J'ai renfloué l'affaire à chaque exercice. L'an prochain vient l'échéance de la réattribution. Les places sont chères, vous savez. Et disputées. Je me demande si je ne vais pas être obligée de céder l'emplacement au groupe Maudet. Vous vous rendez compte, ce serait le comble ! Je ne vois pas ce qu'il y a de drôle.

M. Guilloux rit de plus belle :

– Oh ! ben s'il n'y a que ça, madame Malenfant, ça n'est pas vraiment un problème. Je connais ici quelqu'un qui va pouvoir arranger ça.

Et il me présente.

Mme Malenfant a sur moi le regard du noyé sur la bouée de secours. Mais je hausse les épaules :

– Oh ! vous savez, je ne suis plus rien dans cette affaire, que j'ai vendue. J'ai vendu le groupe Maudet, je me suis retiré, à eux de jouer, maintenant.

Elle insiste :

– Mais vous avez épousé Mlle Maudet. Vous savez à qui je dois m'adresser.

– Non, je regrette. Le groupe a été réorganisé, et je ne peux plus intervenir. Mais, dites-moi, je ne comprends pas très bien. Quel est votre problème, exactement ?

37

– J'en ai appris de belles, Hélène. Figure-toi que le groupe veut lancer un réseau de boucheries-traiteurs. Un peu comme les boucheries Bernard, tu vois ça ? Les boucheries Maudet. L'idée est de tout contrôler : élevage, abattage, découpe, transformation, vente. Ils veulent s'implanter partout. Avec des bouchers-conseils. Pas mal, non ? Je regrette de n'avoir pas eu cette idée moi-même.

Hélène ne répond pas : elle ne répond jamais. Ses journées sont immuables. Le matin, elle fait à pas lents le tour du parc. Puis, elle rentre travailler son piano jusqu'à onze heures quand Nelly arrive – elle a fini par revenir, excuses d'Hélène, réconciliation, champagne, bavardages à n'en plus finir dans la cuisine – pour préparer le déjeuner, pris à midi et demi. L'après-midi, Hélène lit, puis va prendre le thé chez Françoise de Pen Hoël. Après quoi, elle se remet au piano.

Ce piano ! notre enfer à tous. Autrefois, dès qu'elle s'y asseyait, la bonne passait l'aspirateur, les enfants augmentaient le son du téléviseur et je quittais la pièce pour calmer le chien. Jamais nous ne nous étions mis autour d'Hélène pour l'écouter, jamais. Et je me rappelle n'avoir pas réussi à étouffer un cri, un jour où elle avait parlé d'inviter des amis pour le thé : « J'espère que tu ne vas pas leur jouer du piano ! »

Elle avait encaissé, pourquoi ? Elle qui, au dire de Françoise avait réussi, depuis des années, à se glisser dans l'intimité de Schubert dont elle parlait si bien et qu'il lui semblait mieux comprendre et mieux aimer que bien des vivants.

– Hélène vit avec des fantômes, Françoise.

– Et alors ? C'est très bien, les fantômes. Il y en a quelques-uns à Pen Hoël, figurez-vous. C'est eux qui donnent la force, Pierre. Et ils sont plus solides que beaucoup d'entre nous. Nous ne sommes pas de taille à lutter contre eux, méfiez-vous.

J'ai toujours aimé Hélène, même de loin. C'était une petite frappe, un petit boxeur, un voyou. Un genre de femme avec lequel on doit toujours être sur ses gardes.

Quand je l'ai connue, Hélène était de ces filles uniques à qui leur père n'ont semblé donner vie que pour la leur confisquer aussitôt. De ces filles qui, pour vivre, doivent s'imposer comme premier devoir de rompre avec leur père.

Hélène ne partit ni ne rompit. Sacrifiée à son père.

Lui ayant tout abdiqué. En premier lieu sa volonté. Prenant le mari qu'il lui avait choisi : moi. Trouvant sa liberté dans les livres et la musique, domaines où le père Maudet ne se serait pas risqué.

Déjà dure dans sa jeunesse, elle était devenue intransigeante, acariâtre, intolérante, s'impatientant pour un rien. Parfois, elle descendait de ses livres et de sa musique pour s'intéresser maladroitement au commun des mortels, mais on sentait son agacement. Elle n'avait que la hâte de retourner entendre telle sonate de Schubert dont la troisième mesure lui posait des problèmes. Elle vivait dans le sublime, et nous n'avions rien de sublime.

C'est ainsi que, insensiblement, nous nous étions détachés, sans pourtant cesser de nous aimer. Au début de notre mariage, bien sûr, je lui parlais de nos affaires. Mais, dès la mort de son père, il y a eu comme une vitre entre nous. Nous nous parlions sans pouvoir nous entendre. Nous nous voyions, mais de loin. Et, peu à peu, je me suis tu. Hélène ne voulait pas être dérangée par des préoccupations aussi peu intéressantes que les miennes.

Avec les enfants, ce fut pire. Ils se tinrent aussi éloignés que possible des passions de leur mère. Alain ne pensa qu'au sport, Sylvie qu'à se promener dans Paris et Thierry ne pensait à rien : il regardait la télévision. Ce fut l'indifférence de nos enfants au monde que voulait leur ouvrir leur mère qui lui donna l'idée de s'établir à Vannes où on lui ficherait la paix, où Thierry aurait une télé dans sa chambre, Sylvie moins de boutiques et Alain un vaste terrain de sport où il finira par se perdre.

Elle avait néanmoins tenu, pour ne pas avoir l'impression d'enterrer tout à fait son père, à garder dans le groupe Maudet une participation assez importante pour avoir son mot à dire.

Ainsi n'était-elle pas d'accord sur les investissements des entreprises de viande. Cela allait à l'encontre de ce qu'on avait toujours fait. À l'encontre de la volonté de son père. Et contre les intérêts des producteurs français.

– On tourne le dos à cinquante ans de pratique, Pierre, et tu laisses faire.

J'étais partagé. Il est vrai que Robert (« Call me Bébert ») Maudet avait toujours encouragé l'élevage français de qualité. Il y tenait beaucoup et, après sa mort, j'avais poursuivi cette politique, bien qu'elle fût devenue déraisonnable. On perdait de l'argent, Hélène le savait, s'en moquait : on équilibrerait autrement, le groupe était bénéficiaire et distribuait chaque année des dividendes aux actionnaires, de quoi se plaignait-on ?

– On ne se plaint de rien, mais la politique des nouveaux dirigeants est de ne perdre d'argent dans aucune des entreprises du groupe. Tout doit être rentable.

– Même au prix de la qualité ?

– Leur idée est qu'une entreprise de qualité ne doit pas perdre d'argent.

38

EUGÈNE : Raoul est comme ça, qu'est-ce que vous voulez ? Vous pourriez lui offrir du caviar, des radis ; non, il préfère son tendron de veau. C'est l'idée qu'il se fait de la vie.

Félicien MARCEAU, *Le Babour*

Fabrice Pilou promène dans les halles un air de prince en exil. Il ne pensait pas sa ruine si complète. Mais il avait reçu son congé. Incapable de relouer l'emplacement, il devrait bientôt céder la place. Il allait tout perdre : sa boutique, sa maison et sa femme. Autant dire sa vie.

Enfant, il se redressait en passant devant une boucherie, à la devanture de laquelle brillaient les plus belles viandes, dans une vitrine réfrigérée où la bouchère avait placé une guirlande de persil en plastique.

Quelques-uns de ses camarades d'école avaient tout de suite voulu entrer dans la grande distribution pour rencontrer des filles, car ils avaient repéré que, dans les grandes surfaces, aux rayons d'alimentation, c'était toujours plein de filles. Parmi les vendeuses comme chez les clientes.

Fabrice a préféré travailler chez un boucher à l'ancienne : renseigner les clientes sur les recettes, les secrets de cuisson, les nouveaux trucs qu'il a appris. Il est parfois ému par les mères de famille aux ressources limitées. Il repère toujours celles qui, à l'étalage, cherchent la viande la moins chère. Il leur fait parfois des prix et leur donne des conseils.

Il aime aussi l'odeur de la chambre froide. La lente maturation des viandes. Il ne connaît pas de joie plus intense que lorsqu'il reçoit une belle pièce qu'il réserve à ses meilleurs clients, ceux qui sauront l'apprécier. Il était entré dans un monde dont il ne ferait jamais le tour et qui lui donnait le vertige.

– De temps en temps, me dit-il, je me promène. Je vais voir les bêtes dans les prés. Ça me fait croire en Dieu. Je m'extasie. Comment cette herbe peut-elle se transformer en lait et en viande ? Je regarde les vaches. Il y a un mystère, en sommes-nous dignes ? Les vaches me parlent de Dieu. Leurs yeux placides, c'est de la bonté. Les animaux nous parlent de Dieu. Et nous les mangeons. Si nous les mangeons, c'est peut-être pour qu'il y ait en nous du divin. Notre seule chance d'accéder au divin. À l'école, j'aurais aimé qu'on nous parle de tout ça, mais on ne nous parlait que des morceaux à découper, des temps de maturation et de cuisson. D'ailleurs, on disait aussi « mortification », ce qui veut bien dire. Mortification est un terme religieux, non ? Les vieux bouchers disaient « mortification » ; puis, le terme a été remplacé par maturation. Les mots changent, on se demande pourquoi. La maturation, c'est trois semaines. On va voir les bêtes, on choisit les meilleures. Il faut connaître les fermes et avoir l'œil sur le muscle. Déjà, les fermes trop bien rangées, on aime pas : ça fait laboratoire. Or, tout doit être en désordre et tout pensé pour la bête. Elles partent heureuses pour l'abattoir, je vais les voir avant, on abat le mardi, je récupère mes carcasses et les place en chambre froide à maturer, à s'affiner. Moi, ma viande préférée, c'est le veau. Je ne saurais trop vous expliquer pourquoi. Peut-être parce que c'est une viande plus tendre. Ce monde manque de tendresse. Mettez le monde au veau, le monde sera plus tendre, monsieur Bailly, parole d'honneur. *(Il sort de sa rêverie, renifle un peu, puis reprend :)* Mais enfin, tout ça, c'est du passé, hein. J'ai tout perdu. Enfin, pas tout. *(Il ricane, l'air menaçant :)* J'ai encore ma collection de couteaux.

39

Lors de sa visite d'été, le petit père Langlois s'arrange pour être seul avec moi. Nous nous dirigeons vers le hangar à bateaux, je veux lui montrer mon guépard, à la coque bleue, aux voiles jaune et blanc, baptisé *Alsylthie*, en hommage à mes enfants perdus : Alain – Sylvie – Thierry. Il me parle du groupe Maudet dont il est toujours directeur financier. Il ne se retrouve pas trop dans ce qui se passe. Il se sent utile comme un torchon mouillé. Les nouveaux dirigeants ont une politique qui repose uniquement sur le chiffre.

– Il faut vous retirer, mon vieux.

– J'y pense. Mais ce serait pire, vous savez. Ces gens-là, il n'y a que l'argent qui les intéresse. Je préfère me battre jusqu'au bout.

– Jusqu'au bout de quoi ?

– Jusqu'au bout de mes forces.

– Comme la chèvre de M. Seguin, très bien.

Je ris de ma blague, lui pas. Langlois a renoncé à l'humour depuis bien longtemps. Ça lui allait d'ailleurs très mal. Quand il se piquait encore d'en faire, il donnait l'impression de qui, voulant se mettre à chanter, se mettrait à roter.

– Très bien, très bien, dis-je. Et ça changera quoi, Maurice ?

– Ça sera toujours ça de gagné. Et puis, j'aurai ma bonne conscience pour moi.

Il s'arrête. Comme s'il avait fait une gaffe. Comme s'il pensait être allé trop loin. Comme s'il craignait de m'avoir fâché, mais j'éclate de rire.

– Parce que vous pensez que je devrais avoir mauvaise conscience !

– Non, Pierre, je n'ai pas dit ça. D'ailleurs, l'évolution avait commencé avec vous. Il fallait y aller, bien sûr. Mais la nouvelle génération aux affaires n'est pas bonne, vous savez. Ils n'ont aucun talent. Ils ne créent pas de richesses, ils les exploitent. Ils sont toujours au service de l'argent. L'argent est leur maître. Or, l'argent est un serviteur, voilà pourquoi il faut le respecter, au moins le ménager. Quand je le leur dis, ils éclatent de rire. Nous ne nous comprenons pas. Ils feront beaucoup de dégâts, vous savez.

– Je n'aurais rien pu faire. Et vous non plus, vous ne pourrez rien faire. Ils vous balaieront comme ils m'auraient balayé.

– Oui, vous avez peut-être raison.

– J'ai raison, Maurice. Et vous le savez très bien.

Le désespoir du bonhomme me touche. J'ai presque envie de le prendre dans mes bras. Nous faisons partie tous les deux de la garde descendante. Nous ne pouvons plus que nous couvrir la tête de notre toge en attendant les barbares qui nous frapperont au ventre. Ce qui m'avait, je ne dirais pas déçu, mais étonné, pauvre naïf que je suis, c'était la fugacité de ce que j'avais cru être des amitiés. Sitôt que j'ai eu quitté mes affaires, j'ai cessé d'exister pour beaucoup.

C'est un peu ma faute, car j'ai contribué à rendre le groupe Maudet fréquentable. L'engeance dont j'étais issu et qui, à mes débuts, le méprisait essentiellement à cause des manières de mon beau-père, l'avait peu à peu infiltré. J'avais encouragé ce mouvement. Or, les cerveaux froids, souples et habiles de l'élite à la française, pleins de morgue et de certitudes, peuvent être de bons ouvriers, mais sont de détestables patrons.

C'est trop tard. Il n'y aura d'exception pour personne dans le monde qui se forme sous nos yeux effarés. Seules les catastrophes dont elles sont coupables réveilleront les élites. Seule leur pauvreté, qu'ils ont créée en ne foutant plus rien, remettra les Français au travail. Notre génération aura été responsable du gâchis et laissera une grande place, par ses rêveries d'enfants gâtés, dans l'histoire de la bêtise.

40

Après le départ de Natalie, Jean-Charles Lawton cessa de se plaindre dès qu'il sentit que son chagrin n'intéressait personne, ce qui ne lui prit pas dix minutes.

Le chagrin, quel chagrin ? Sa femme et son fils avaient déguerpi, mais il lui restait le meilleur : Charline. Grâce à elle, l'absence de Natalie ne lui ferait socialement aucun tort. Bien au contraire. Les fêtes continueraient tout l'été avec les amis de Charline, à laquelle son père donna carte blanche, ce qui ébouriffa la jeunesse du golfe : on s'éclatait chez Charline.

Pourtant, Jean-Charles restait stupide. Suffoqué que Natalie pût préférer une chambre poussiéreuse, au parquet craquant (avec baignoire sabot sur le palier et araignées dans les rideaux) à Pen Hoël à la confortable villa qu'il avait construite pour elle, et la solitude à sa compagnie. Bien sûr, en vingt-cinq ans de mariage, Jean-Charles avait donné, comme disent les braves gens, bien des « coups de canif au contrat » mais, quoi, un lion reste un lion, un homme un homme et Natalie savait qui elle avait épousé.

Il tenta de renouer avec quelques filles peu farouches qui le divertissaient il y a quelques semaines encore, et qu'il avait délaissées pour d'autres conquêtes (le mot « cueillettes » serait ici plus approprié). Toutes le repoussèrent, bas les pattes ! un mari quitté sent mauvais. Pour une maîtresse, le grisant chez un homme, c'est le frisson de danger que représente l'épouse. Un homme plaqué, c'est un champagne sans bulles.

Les soirs où Charline recevait ses amis, Jean-Charles, par crainte de gêner, restait dans sa chambre devant la télé. Il entendait rires, éclats de voix, musiques et plongeons. Il éteignait le poste. Il avait d'abord tenté de se joindre aux fêtes mais, dès qu'il apparaissait, c'était comme un brouillard qui s'élevait parmi les étudiants qui se remettaient à s'amuser dès qu'il tournait le dos.

Ils avaient, quoi ? vingt ans, vingt-cinq ans, tous ces jeunes, et Jean-Charles Lawton voyait bien comme sa présence les contraignait. Ils s'éloignaient de lui aussi vite qu'il voulait les rejoindre. Le premier soir, pour les séduire et les épater, il avait voulu leur préparer son fameux 333 (1/3 gin, 1/3 jus d'orange, 1/3 champagne) qui lui avait valu tant de succès jadis. Ils y avaient goûté poliment avant de retourner à la vodka, qui fut leur boisson cet été-là.

Il sentit chez Charline de l'impatience, puis une exaspération de moins en moins contenue. Un soir, elle lui suggéra d'aller passer la nuit ailleurs : « Pourquoi n'irais-tu pas à Locguénolé ? Ça te changera les idées, on risque de faire du bruit et de t'empêcher de dormir. » Lorsqu'il était rentré, tôt le lendemain, il avait eu un coup de sang devant la piscine pleine de mousse, les bouteilles éparpillées sur la terrasse, le vomi sur le carrelage, la chambre de Charline fermée à clé et la voiture de ce petit con de Ronan Le Mûr, qu'il vit descendre à poil pisser dans le jardin. « Comment peut-on s'amuser si vulgairement ? » pensa-t-il avant de reconnaître que les fêtes de Charline et de ses amis ressemblaient à toutes celles qu'il avait données depuis sa jeunesse.

Peu à peu, Lawton le Flamboyant s'éteignit. Il n'était pas malheureux, mais il n'était plus heureux. Sans qu'il en eût conscience, sa femme lui manquait. Il avait l'habitude de Natalie, son parfum, le bruit de l'eau dans la salle de bains, les vêtements éparpillés, le bruit précipité de ses pas, la portière qui claque, ses clés dans la serrure quand elle rentrait, l'odeur du café et du pain grillé, le journal qu'elle froissait, le rapide baiser qu'elle lui donnait en partant et sa caresse sur le menton « À ce soir, Barbe-Bleue ! »

Il fut pris d'une crise de gravité qui ne lui allait pas du tout, fit à sa fille, qui passait le plus bel été de sa vie, des réflexions aigres, se dit qu'il avait peut-être été, avec Natalie, trop léger, ou trop violent, ou trop rapide, ou trop distrait, se promit de faire des efforts si elle revenait mais ne tenta rien pour la récupérer. Il ne rôda même pas autour de son cabinet, comme elle l'avait craint.

Aussi, quand il reçut, au seul nom de « Monsieur Jean-Charles Lawton », une invitation à notre quarantième anniversaire de mariage : régate, suivie d'une soirée habillée, il crut d'abord avoir mal compris.

41

Pas tant que moi.

Quand, par Nelly Pilou, j'entends parler de ces festivités, je me précipite chez Hélène, que je trouve étendue sur son sofa, lunettes au bout du nez, livre à la main, crayon entre les dents :

– Hélène, quelle idée ! Nous nous entendons bien, n'est-ce pas ?

– Oui.

– Es-tu heureuse avec moi ?

– Avec ou fans toi, je fuis heureuse, Pierre. Plus fimple comme fa. La moindre des foses. Queftion d'hygiène. Fuffit de fe contenter de fe qu'on a, voilà tout.

– F'est, euh... c'est la mort du progrès, ton programme. Ça ne va pas très loin.

Hélène crache son crayon :

– Je ne vais pas très loin, Pierre. Seulement, je veux montrer que je vais bien.

– C'est important ?

– Ça fait partie du job. Il faut donner l'exemple. Regarde ce qui se passe autour de nous, ces couples qui se déchirent pour un rien. Absurde, tout ça. Comme les gens sont fragiles ! Nous allons leur montrer, à tous.

– Leur montrer quoi, Hélène ? C'est idiot ! Tu veux encore servir d'exemple à l'univers ?

Son petit rire.

– À l'univers, non. Mais à Natalie, oui. Qu'elle ait quitté son mari après avoir tout supporté de lui, je trouve ça parfaitement répugnant. Et stupide. Qu'elle le tue, j'aurais compris. Ça aurait eu de l'allure, au moins : un coup de couteau, du poison, ça oui. Mais qu'elle le quitte, c'est minable.

Après avoir refusé d'héberger Natalie Lawton, Hélène ne voulait pas non plus la recevoir, ce qu'avait pourtant, mais de mauvais gré, « bah ! du moment qu'elle paie », fait Françoise de Pen Hoël. Le même jour, allant chercher Vincent, je croise au château une bonne qui me dit que « Madame attend Monsieur au salon gris perle ». Ce grand genre qu'elle se donne. Il s'agit d'un salon d'angle au nord, qu'elle aime pour sa fraîcheur et où il lui arrive de tenir ses assises.

Dans ce salon gris perle, Françoise de Pen Hoël est en gris tourterelle. Pantalon de flanelle, chandail de cachemire, chemisier blanc, cheveux courts, cigarette aux lèvres, elle s'échine à arranger des fleurs dans un vase et s'énerve beaucoup :

– Ah ! Pierre, asseyez-vous, mon petit vieux, vous tombez bien. Figurez-vous que la dentiste se croit obligée de me raconter ses malheurs. Elle me rase. Apparemment, il lui est arrivé si peu de choses dans la vie qu'elle veut faire d'une taupinière une montagne. Encore une de ces sottes qui pensaient pouvoir changer un homme et lui demander de l'amour. De l'amour, à un homme, cette idée ! D'abord l'amour, c'est pas fait pour tout le monde. Et puis, ce que les hommes appellent de l'amour, c'est du plaisir d'abord, du confort ensuite. Se vider les couilles, se remplir le ventre, il ne leur en faut pas plus. Le reste, tout ce lent mûrissement, ce qui est profond et enfoui, tout ce qui vivifie, c'est l'affaire des femmes, ça, ils l'ignorent totalement. Ça n'existe pas pour eux. D'ailleurs, ils n'ont pas le temps de seulement y penser. Voilà pourquoi il ne faut rien leur demander en amour : ils ne savent pas ce que c'est et, s'ils le savaient, s'ils savaient ce que les femmes en attendent, toutes ces bonnes femmes sentimentales comme la dentiste, ils s'enfuiraient à toute allure. Non ? Je vous choque, Pierre ? Enfin, peu importe, je n'aime pas trop avoir la dentiste ici. Vincent commence à lui tourner autour. Le mari est bien capable de débarquer avec un pistolet. Il faut m'arranger ça, mon bonhomme, je compte sur vous. C'est votre vieille copine qui vous le demande, sauvez-moi ! D'ailleurs, non, ne me sauvez pas. Écoutez-moi, plutôt, j'ai une idée.

42

La gaieté – la force, aussi – de Françoise de Pen Hoël tient à son immobilité. Jamais cette femme n'a quitté ses terres. Née Saint-Carreuc, elle avait épousé sans le regarder le Pen Hoël choisi par ses parents et assumé ce qu'elle avait pensé être son devoir : naître, vivre et mourir dans l'état où le hasard l'avait placée, ce qui revenait à poursuivre l'idéal de sa famille. Voilà pourquoi elle juge sévèrement ses enfants qui, tous deux, selon elle, ont dérogé : Vincent en partant pour Paris, « ce Versailles pour les ploucs », sans en revenir ; Sabine en n'assumant pas le mariage arrangé pour elle et qui n'est pas pire qu'un autre. Voilà aussi pourquoi la présence de Natalie Lawton sous son toit l'agace.

La vieille baronne est restée sur ses terres et dans ses certitudes. Droite et sèche, très amusante, légère et rieuse, assez vache, catholique bretonne parce qu'il n'entre pas dans ses moyens d'être catholique romaine et méprisant la terre entière tout en étant cordiale. Les plus terribles drames ne lui arrachent aucune parole de sympathie ou de compassion : tout étant depuis toujours arrivé à l'humanité souffrante, on ne doit s'étonner ni se choquer de rien, ni se plaindre.

Ainsi, à une dame lui ayant confié, d'ailleurs modestement et comme en passant, que ses parents étaient morts à Auschwitz : « Hum ! mais c'est très chic, ça ! » avait-elle répondu, avant d'ajouter que si elle-même faisait la liste de sa parentèle disparue de mort violente et injuste depuis les croisades, on serait encore là demain : « Il n'y a vraiment pas de quoi se vanter, ma chère ! » et elle lui avait tourné le dos, laissant son interlocutrice interloquée.

– J'ai, me dit Françoise de Pen Hoël, fait part à Hélène d'une idée qu'elle vous présentera comme sienne : donner une fête. Quand tout va mal, donner une fête, c'est la seule chose à faire. On oublie, on se grise, on fait les zigotos et, le lendemain, si la situation ne s'est pas arrangée, au moins on s'est soi-même renforcé.

– Mais qui vous dit que tout va mal ?

– Tout ne va pas mal. C'est vous tous qui allez mal. Vous, Pierre, qui avez sottement démissionné du groupe Maudet. Sur un coup de mou plus que sur un coup de tête. À votre âge et avec votre talent, vous deviez continuer. Il aurait fallu vous envoyer Massu vous botter le cul. Vous quittez donc le groupe Maudet, lequel ne s'en porte pas plus mal, ce qui est vexant. Vous passez votre temps à relire de vieux livres, moins jaunis que vous, à faire le cuistot, du vélo et du bateau : votre vie est nulle, mon vieux. Hélène, c'est pas mieux : elle vit dans le passé et n'arrivera jamais à jouer correctement la *Valse en* la *bémol majeur*, ou je ne sais quoi. Elle s'est encore fâchée, puis réconciliée avec sa bonne, laquelle ne sait même pas si elle arrivera à payer la prochaine traite de son pavillon parce que son nigaud de mari fait de mauvaises affaires. Et je ne vous parle même pas de ce qui se passe sous mon toit. C'est donc le moment de donner une fête pour étourdir tout ce petit monde-là.

– Je vois mal Hélène faire la fête.

– Hélène nous ennuie. Elle fera la fête comme tout le monde. Et mieux que tout le monde, vous verrez. Elle se plaît et se complaît dans son deuil, je l'ai engueulée cent fois à ce sujet. Prenez donc de ces sablés, Pierre, ils viennent de chez Cartron. Voyez-vous, Pierre, je déteste le bourgeois qui patauge dans son malheur. Le genre regardez-moi-je-suis-si-belle-quand-je-souffre. On exagère toujours ses malheurs pour se donner de l'importance. Et on ne pleure que sur soi. C'est inconfortable, bien sûr, le malheur. Et alors ? Ce qui est inconfortable n'est pas toujours néfaste. C'est bien souvent le contraire : les cadeaux du Ciel sont rarement de tout repos. Le confort, c'est une invention du bourgeois, autant dire du diable. Ce qu'on appelle le malheur nous permet souvent de nous améliorer. On s'étonne en bien. On trouve toujours en soi de quoi faire face. Et si on trouve en soi de quoi faire face au malheur, c'est qu'on a en soi des vertus, une force qu'on ne soupçonnait pas. Le malheur sert alors de révélateur.

– Donc, vive le malheur ?

– Je n'ai pas dit cela, Pierre. Mais il ne faut pas fuir l'épreuve. Il faut la regarder en face. Comme la douleur physique. Et puis il faut la dépasser. S'en rendre plus riche. Cette force, ces vertus, il faut les trouver en dehors de l'épreuve.

– Dans le sport !

– Et dans la fête. Voilà pourquoi nous allons célébrer vos quarante ans de mariage. Le couple est quand même ce qu'on a inventé de plus efficace pour se compliquer la vie. Survivre à ça au bout de quarante ans, ça se fête. Cela permettra à Hélène de sortir de son piano, à vous de vos livres, cigares, alcools et bateaux, et à Vincent d'organiser une régate avec le petit Lawton, ce qui est plus utile que de jouer des coudes pour tâcher d'être invité au prix de Diane.

43

Je détestai l'idée de Françoise. Cette fête réunirait dans nos jardins des dizaines d'envieux que nous avions jusqu'alors réussi à en tenir éloignés. Grisée, Hélène se montra si fatigante que je rentrais de plus en plus tard et me tins autant que possible loin d'elle. Je ne la reconnaissais pas dans cette perruche qu'elle était devenue. J'avais d'ailleurs décidé de limiter l'ostentation de mes sentiments à l'acquisition d'une de ces bagues que les femmes aiment voir lorgner avec aigreur par leurs amies : diamant brisé, or pâle, comme mon amour.

J'en regrettais presque de m'être marié. Le code civil laisse entrer la foule dans le lit des gens qui s'aiment, fait de chaque famille une troupe au service de la société et donne à la vie conjugale, si secrète, une impudique publicité. Dans le mariage, seule compte l'apparence du bonheur, qui doit ressembler aux mœurs du commun, ce qui est la négation même du bonheur et le contraire de sa liberté. Et cela, après quarante ans, j'en étais excédé, comme de cette fête vulgaire que préparait Hélène avec cette frénésie jusqu'alors inconnue.

Elle avait fait une liste de quatre cents invités. J'avais demandé à voir, elle avait refusé.

– C'est pourtant mon anniversaire de mariage !

– Oui, mais c'est moi qui organise, avait-elle minaudé. Si tu as des invités, donne-moi ta liste.

Par Nelly, je lui avais fait porter le pli suivant :

Liste des invités personnels
de Pierre Bailly
au 40e anniversaire
de son mariage
avec
Hélène Maudet.

- Sylvie Bailly, sa fille
- Thierry Bailly, son fils
- leurs conjoints, s'ils en ont
- leurs enfants, s'ils en ont.

Il n'y eut pas de réponse, mais je voyais mal comment Hélène pouvait célébrer un anniversaire de mariage sans y convier ceux qui en étaient le résultat. Eux seuls importaient, personne d'autre, et je fus surpris de m'apercevoir que si peu de gens avaient compté pour moi. En consultant mes vieux carnets d'adresses, j'avais estimé avoir rencontré, au cours de ma vie, près de dix mille personnes, entre mon entrée à l'école maternelle et la fin de mes activités professionnelles. Dix mille personnes dont j'avais connu les noms et les visages, à qui j'avais téléphoné ou serré la main, dont je m'étais soucié, qui m'avaient parfois empêché de dormir, fait rire ou pleurer, dont j'avais pensé qu'elles changeraient quelque chose en moi et dont il ne restait rien, pas même des ombres de souvenirs. Dix mille personnes peut-être encore vivantes, et aussi mortes pour moi qu'Aménophis IV ou cette Mme Pilou, femme d'un procureur du Châtelet au début du dix-septième siècle, dont parle Tallemant des Réaux et dont je me suis toujours demandé si elle n'était pas une ancêtre de nos Pilou à nous.

Vincent de Pen Hoël avait raison : nous dansons et naviguons sur des cadavres. Nous devrions être vaporeux et légers comme eux. La vague enlève la vague. Elle l'efface, la recommence et l'efface d'un même mouvement, et nous valons moins qu'elle. Rien ne marque sur et sous la mer. C'est pourquoi, je suppose, Hélène a voulu rester ici après la mort d'Alain : le ciel y est neuf tous les matins.

C'est aussi pour ça que j'y suis revenu : l'Armor lave de tout tandis que, sur terre, dans l'Argoat, tout fixe. Une averse y laisse des mares et de la boue, un coup de vent ébranche les chênes et dilate une forêt, les blés ne se relèvent pas d'une bourrasque dont on peut suivre la trace dans un champ et on se heurte, à tous les chemins, à ces calvaires, chapelles et statues qui nous demandent de nous souvenir quand la mer nous murmure d'oublier. Non pas d'oublier, mais d'enfouir en nous le souvenir de l'absent, pour nous en renforcer. Je porte depuis sa mort mon fils Alain en moi, sans même m'en douter. Il m'accompagne à chaque instant de ma vie, plus présent, plus agissant que lorsqu'il était parmi nous. Un ostensoir, comme dirait l'autre. Il est ce qu'il y a de meilleur en moi quand je suis capable de l'écouter : Alain est un rappel à l'ordre. Plus rien n'est alors important que d'être digne de lui. Il fut parmi nous, il est en moi et, pour le moment, regarde avec étonnement ces femmes heureuses de préparer une fête.

44

Château de Pen Hoël, au salon Louis XIII, ainsi nommé en l'honneur du roi qui y aurait séjourné quelques jours en 1618 sur la route de Port-Louis, qu'il créa pour embêter les Anglais, les Espagnols et les Hollandais qui lui cherchaient des noises ; d'autres racontent qu'il n'y aurait jamais mis les pieds, mais allez donc vérifier.

Installées à une grande table, Françoise de Pen Hoël et Natalie Lawton rédigent les enveloppes dans lesquelles seront glissés les cartons d'invitation à la fête qui se prépare.

Et elles papotent.

FRANÇOISE DE PEN HOËL, *en soupirant :* Troisième jour de pluie, et on a découvert un nouveau trou dans le toit. Je me demande quoi faire de cette baraque !

NATALIE LAWTON : Pourquoi pas un hôtel ?

FRANÇOISE DE PEN HOËL : Un hôtel ? Mon Dieu ! Une maison de rendez-vous, tant que vous y êtes !

NATALIE LAWTON : C'est la même chose, non ?

FRANÇOISE DE PEN HOËL : Pas tout à fait. Les maisons de rendez-vous étaient très bien tenues. Et très bien fréquentées. C'est là que j'ai rencontré mon mari. (*Stupeur de Natalie, qui en fait une rature sur une enveloppe et réprime un :* Merde !) Mais non, je blague. Mais c'est arrivé, savez-vous ? Et même à des gens que vous connaissez. Non, je ne vous donnerai aucun nom, n'insistez pas.

NATALIE LAWTON : Mais je n'ai rien demandé !

FRANÇOISE DE PEN HOËL : Dommage, car je vous l'aurais dit et ça vous aurait amusée. *(Elle jette un œil à la pile d'enveloppes rédigées par Natalie.)* Dites donc, vous allez vite, mais écrivez distinctement. Les médecins, en général, c'est tout gribouillis. Mais c'est une idée : Hôtel de Pen Hoël. Et moi, j'irai vivre en ville. Dans un appartement neuf. Avec ascenseur. Ou dans un lotissement. Avec des voisins. J'ai toujours rêvé d'avoir des voisins.

Entrée d'Hélène Bailly, portant un plateau.

HÉLÈNE BAILLY : Voici déjà le thé. Je reviens avec le cake. *(Hélène dépose le plateau sur la table.)* Hé, mais ça avance, bravo. Que disiez-vous ?

NATALIE LAWTON : Françoise se plaignait de ne pas avoir de voisins.

HÉLÈNE BAILLY, *en riant un peu fort* : Eh bien dites donc, et nous ?

FRANÇOISE DE PEN HOËL : Vous, ça n'est pas pareil, Hélène. Avant la mort d'Alain, vous n'étiez jamais là. Depuis, je ne vous vois que pour le thé. Ce n'est pas ça, des voisins. Natalie me conseille d'ouvrir un hôtel. Vous voyez ça ? Avec des longs couloirs, comme dans les prisons, et cette succession de chambres comme des cellules, avec des numéros matricules.

HÉLÈNE BAILLY, *rêveuse* : Un hôtel de charme, pourquoi pas ? Bon, je vous laisse, je vais chercher le gâteau. Et Nelly, si je la trouve…

FRANÇOISE DE PEN HOËL *en criant parce qu'Hélène s'éloigne de plus en plus* : Nelly est à la poste, Hélène, vous savez bien. Elle tient à ce qu'on mette des timbres de collection. *(Elle tousse un peu, lève les yeux au ciel et soupire à l'attention de Natalie :)* Tous ces chichis !

Sortie d'Hélène Bailly.
Natalie Lawton hésite à servir le thé.
Mais elle ne le fait pas.
Mme de Pen Hoël non plus.

NATALIE LAWTON : Nelly a l'air très impliquée. Pour le buffet, c'est son mari qui s'occupe de tout, m'a dit Hélène.

FRANÇOISE DE PEN HOËL : Oui, c'est d'ailleurs pour cela que nous donnons cette fête.

NATALIE LAWTON : Pardon ?

FRANÇOISE DE PEN HOËL, *avec un fin sourire, un peu forcé, de comploteuse* : Comment, on ne vous a rien dit ? *(S'arrêtant d'écrire les enveloppes, elle croise les bras sur la table et se lance dans son explication :)* Figurez-vous qu'Hélène n'a aucune envie de célébrer ses quarante ans de mariage. À quelle femme cette idée viendrait-elle, mon Dieu ! Dans la plupart des cas, quarante ans de mariage, c'est un mariage en quarantaine. Parfaitement indécent. Non, figurez-vous que nous faisons un coup en douce, et je vous demande d'être discrète. Hélène a tout arrangé avec Nelly et Mme Malenfant, la mère de Nelly, une femme remarquable ! Cette réception pour quatre cents personnes sauvera l'année de Fabrice. D'un coup, il devient bénéficiaire, garde sa place au marché de Vannes et peut discuter d'égal à égal avec le groupe Maudet. C'est aussi simple que ça. Bien sûr, Fabrice n'est pas au courant de l'arrangement. Pierre non plus. Le seul homme à être dans le coup, c'est Langlois, vous le connaissez ?

NATALIE LAWTON : Non, mais Hélène m'en a parlé. C'est le comptable.

FRANÇOISE DE PEN HOËL, *fronçant les sourcils, et d'un ton grondeur* : Dites plutôt le directeur financier du groupe Maudet. Un homme remarquable, lui aussi. Un peu gris, peut-être. Ennuyeux comme un récitatif d'opéra baroque.

NATALIE LAWTON : Vous voulez dire ennuyeux comme un opéra baroque tout court !

FRANÇOISE DE PEN HOËL, *éclatant de rire* : « Tout court », un opéra baroque ? Vous en avez de bonnes !

Natalie rit aussi.

FRANÇOISE DE PEN HOËL : Comme c'est bon de vous voir rire, Natalie ! Enfin, je résume : toute l'organisation passe par la société de Fabrice. C'est-à-dire par sa belle-mère et par sa femme, les seules capables. Et les festivités, c'est vous.

NATALIE LAWTON, *lâchant son stylo* : Moi ?

FRANÇOISE DE PEN HOËL : Miss Rantanplan.

NATALIE LAWTON : Ah ! Non, désolée, j'en ai assez de Miss Rantanplan. Encore elle ! Toujours elle !

Natalie se lève et marche à la fenêtre. Restée assise, Françoise de Pen Hoël sert le thé.

FRANÇOISE DE PEN HOËL : C'est pourtant Miss Rantanplan qui a séduit Lawton.

NATALIE LAWTON, *haussant les épaules* : Je vous en prie. C'était à une soirée d'étudiants il y a plus de vingt-cinq ans. J'ai changé, depuis.

FRANÇOISE DE PEN HOËL : Pas lui !

NATALIE LAWTON : Ce n'est pas ma faute.

FRANÇOISE DE PEN HOËL, *comme pour elle-même* : Qu'est-ce qu'elle fout avec le cake ? *(Puis, plus haut :)* Le thé est servi, ma belle. Et puis, si, c'est un peu votre faute. Un couple d'humains doit avancer comme une couple de bœufs. Sous le même joug, d'un même pas. Ou comme les chevaux d'un attelage, du même trot. Le plus rapide doit régler son allure sur le plus lent, le plus léger sur le plus lourd, le plus intelligent sur le plus bête, le plus brillant sur le plus terne. C'est cela un couple, Natalie : une honnête moyenne, une médiocrité qui ternit le plus brillant sans faire briller le plus terne.

NATALIE LAWTON : Vous êtes décourageante !

FRANÇOISE DE PEN HOËL : Pourquoi ?

NATALIE LAWTON : Vous semblez penser que l'amour et le mariage n'ont rien à voir. Je me suis mariée par amour, moi !

FRANÇOISE DE PEN HOËL : Je pense exactement le contraire, Natalie. Je pense que le mariage est la seule manière de prolonger l'amour. L'amour, c'est de l'alcool : léger, volatil et fugace. Le mariage, c'est de l'eau : il est profond, lourd et lent comme elle. Et il a de la mémoire. Comme elle. Quand on réussit à faire le bon mélange, de l'alcool et de l'eau, le mariage est une vraie fête, et elle dure toute la vie. Sinon, quand on rate son mélange, ou il y a trop d'alcool et tout explose, ou trop de flotte et l'on s'ennuie et l'on se noie. Donc, il faut tout mettre en commun, le bon et le mauvais, le chagrin et la joie. C'est cela, le mariage : tout mettre en commun. Rendre tout commun.

NATALIE LAWTON : Commun, c'est-à-dire vulgaire ou médiocre.

FRANÇOISE DE PEN HOËL : Mais c'est agréable, la médiocrité, dans une société bien faite. C'est même la seule manière de ne pas avoir de soucis : rester dans la norme, marcher droit, ne dépasser personne. La plupart des gens ne demandent pas autre chose, et j'admire ça : vivre sans bruit et sans éclat. C'est une forme de sagesse.

NATALIE LAWTON : Merci bien, je vous la laisse !

FRANÇOISE DE PEN HOËL : Oh ! Regardez-moi cette petite mignonne. Vous vous croyez plus forte que les autres, sans doute. Lawton vous a apporté beaucoup et vous a demandé peu. C'est votre tour : donnez-lui ce qu'il ne vous demande pas et dont il a besoin, à son âge : donnez-lui un peu de sa jeunesse en lui rendant Miss Rantanplan. Même pour un soir.

NATALIE LAWTON : Et pourquoi pas son ours en peluche ?

FRANÇOISE DE PEN HOËL : C'est la même chose. Vous lui demandez peut-être trop, Natalie. Il est toujours bien de connaître les limites des gens avec lesquels on vit. Ça évite de demander à un cul-de-jatte de faire des claquettes.

Retour d'Hélène Bailly, tenant Nelly Pilou par le coude. Nelly porte un plat de terre cuite ovale.

NELLY PILOU, *secouant la tête et envoyant partout des gouttes de pluie :* Y'en a marre, du temps. Trois jours de pluie. Ils exagèrent.

FRANÇOISE DE PEN HOËL : Voyons, Nelly, faites attention, mon tapis Louis XIII.

NELLY PILOU : Il vient de chez Saint-Maclou, votre tapis.

FRANÇOISE DE PEN HOËL, *conciliante* : Peut-être, mais il est dans le salon Louis XIII, alors il devient un tapis Louis XIII. Et puis ne vous plaignez pas de la pluie, c'est bon pour le fourrage.

NELLY PILOU : On n'est pas des bêtes !

FRANÇOISE DE PEN HOËL : Mais si.

NELLY PILOU, *posant son plat sur la table, et d'un ton rugueux* : Tenez, madame la Baronne, j'ai fait un far à madame la Baronne. Un far Louis XIII, bien sûr. Avec des pruneaux Louis XIII. Pour hâter d'aller.

Et elle tourne les talons.

FRANÇOISE DE PEN HOËL, *avec douceur* : Chère Nelly !

HÉLÈNE BAILLY, *découpant le gâteau :* Ne lui en veuillez pas, Françoise, elle a voulu vous faire plaisir. Elle a même cuit le gâteau à Baot parce qu'elle connaît bien le four. Et elle a traversé les jardins à pied sous la pluie. Mais que disiez-vous donc ? Vous parliez d'ouvrir un hôtel. Natalie s'installe à l'hôtel ?

FRANÇOISE DE PEN HOËL : Non, Natalie rentre chez elle et reprend le pouvoir sur son bonhomme et sur sa fille.

NATALIE LAWTON, *hoquetant* : Dans cette maison ? Impossible. On dirait un hall d'exposition.

FRANÇOISE DE PEN HOËL, *pratique* : Eh bien, dites à Jean-Charles de la vendre à Piccard, il y mettra ses voitures. Et trouvez une maison qui vous convienne. Une femme doit régner chez elle. C'est la reine des abeilles. Et votre Jean-Charles n'est pas un homme effrayant.

HÉLÈNE BAILLY : Jean-Charles ? Un amour.

FRANÇOISE DE PEN HOËL : Il doit être très malheureux à l'heure qu'il est. Au fait, ma belle, est-ce que le président de la République n'est pas venu consoler votre mari ? Ou le ministre de la Santé ? Non ? C'est curieux ! Aujourd'hui, à la moindre égratignure, un troupeau de ministres, suivi d'un troupeau de journalistes, se précipite pour soigner le bobo. Ils essaient de faire événement d'un rien Résultat, plus rien n'a d'importance et les gens se fichent de tout.

HÉLÈNE BAILLY : Quand Alain est mort, nous avons juste eu la visite de Kermadec, et puis ç'a été tout, on nous a laissés seuls. C'était très bien comme ça. Nous savions lécher nos plaies, même si nous y mettions du temps. Mais comme les gens sont fragiles, aujourd'hui ! Justement, l'autre jour, je lisais un livre où un moniteur d'auto-école..

FRANÇOISE DE PEN HOËL, *l'interrompant* : Qui était président de la République, à l'époque ?

HÉLÈNE BAILLY, *réfléchissant* : À l'époque de la mort d'Alain ? Je ne sais plus. Quelle importance ?

FRANÇOISE DE PEN HOËL. Oui, vous avez raison. Sous la Cinquième, les présidents de la République finissent par laisser moins de traces que les présidents du Conseil sous la Quatrième. Le pouvoir n'est plus à Paris. Les grandes choses leur échappent, il leur reste les petites, pour lesquelles ils nous emmerdent. Ou ils nous font chier, si vous préférez. *(Elle sourit de sa grossièreté. l'esprit Pen Hoël en action. Puis, voyant qu'elle n'a choqué personne, elle mange un morceau de far, le repose, soupire :)* Délicieux, ce far. En plus, Nelly y a laissé les noyaux. Bientôt, vous verrez, ça sera interdit de laisser les noyaux dans les pruneaux, on peut s'étouffer avec. *(Elle prend une cigarette, la coince entre ses lèvres.)* Et, si vous le permettez, mesdames, j'allume une cigarette. Car bientôt il sera aussi interdit de fumer dans les romans. On a enlevé leur cigarette à Delon, à Chanel, à Malraux sur les affiches, à Lucky Luke dans les albums. Bientôt, on publiera Simenon en enlevant sa pipe à Maigret, vous verrez. De même qu'on interdira Colette et son *Blé en herbe*, la dame en blanc n'étant plus l'initiatrice de Philippe mais une pédophile. Vous verrez. Bientôt, il ne restera plus de l'esprit français que les jeux de mots à deux balles des comiques radio. Donc, tant que les personnages de roman peuvent encore fumer, je ne me prive pas. Que les lecteurs tournent la page s'ils sont gênés.

45

Cette idée de faire revivre Miss Rantanplan finit par plaire à Natalie Lawton. Les défauts de son mari lui manquaient : sa rudesse, sa vulgarité, ses enfantillages. Elle avait la nostalgie de tout ce qui l'exaspérait quelques mois auparavant.

Puisque le mariage était, selon Hélène, comme un tour en autos tamponneuses – c'est inconfortable, on prend des coups, on en donne, on tourne en rond, on ne va nulle part mais, au moins, on n'est pas seul –, Natalie avait suggéré de transformer les jardins de Baot en une fête foraine qui suivrait la régate des plates en V organisée par le Yacht-Club de la pointe d'Arradon.

Stands de tir, chevaux de bois, balançoires, pistes d'autos tamponneuses et de bowling seraient disposés sous les grands arbres aux branches desquels pendouilleraient des guirlandes électriques multicolores. Le temps, s'il était doux, permettrait d'installer dehors tables et buffets que dresseraient les élèves du lycée professionnel Jean-Guéhenno. On demanderait à Jo

Biskup de venir avec un petit orchestre qu'il dirigerait du piano ; on espérait que Raymond Le Guen – œil de braise, voix de velours, et vice versa – accepterait de chanter. Et la régate aurait lieu, en blazer, départ d'Arradon, arrivée à Berder après avoir fait le tour des îles Logoden :

– En blazer ? avait hoqueté Jean-Charles Lawton.

– Et cravate rayée céladon-saumon, aux couleurs du club, précisa Thomas.

– Et souliers marron, insista Vincent de Pen Hoël.

Cravate et blazer, il voulait bien : c'était marrant, et d'un chic ! Mais les souliers marron faisaient tiquer Jean-Charles qui en prit prétexte pour appeler Natalie, ce qu'il n'avait pas fait depuis son départ :

– Tu savais qu'il fallait des chaussures marron avec le blazer, toi ? Marron et marine, ça ne va pas bien ensemble, je trouve.

– Si tu veux ressembler au gros Bébert de Monaco, mon chéri *(le « mon chéri » lui a échappé, elle se mord les lèvres)*, mets tes mocassins noirs avec ton blazer. Mais tu seras le seul. Un blazer, c'est comme une veste de sport, qui se porte en journée. Le survêtement d'autrefois. Donc, pas de souliers noirs, couleur réservée au soir. Même à Bordeaux on doit savoir ça.

– On ne porte pas de blazer à Bordeaux, qu'est-ce que tu crois ? Le blazer, c'est bon pour le collège ou pour les pauvres qui croient que c'est un vêtement chic. Tu ne me demandes pas si je vais bien ?

– Non.

– Eh bien, je vais quand même te le dire, Natalie : je ne vais pas très bien. Je reviens de chez le gastro-entérologue.

– J'arrive ! s'entendit répondre Natalie, qui se précipita vers sa voiture.

46

Bien qu'on le fasse attendre, le colonel de Kermadec refuse de s'asseoir et reste dans l'ombre, debout, ganté, avec un air d'huissier de préfecture avant l'annonce des invités à la cérémonie des vœux. De son éducation, il a gardé un rien de raideur et l'ambition de faire de chaque instant de sa vie un chef-d'œuvre de grandeur, ce qui le rend parfois un peu nerveux.

Il ne déteste pas ces missions. Annoncer morts, accidents, mutilations, disparitions et autres drames dont tremblote le bourgeois le fait bicher. C'est lui qui, déjà, nous avait annoncé la noyade d'Alain. C'est un honneur du métier des armes et, chaque fois, un rappel à l'ordre : « Nous sommes bien peu de chose, ma pauvre Dhâkirah ! » soupir par lequel il achève toujours son récit à Mme de Kermadec, trophée des guerres coloniales, le soir, à la veillée.

Aussi s'est-il présenté à Baot droit comme un lecteur de Montherlant. Il y croise Fabrice Pilou, ce boucher avec qui il lui arrive de parler gibier. Mais l'heure n'est ni aux sangliers, ni aux bécasses, et quand enfin je le reçois, il note que j'encaisse « l'affreuse nouvelle » avec un stoïcisme qui l'enchante. « Enfin, Dhâkirah, il reste de vrais hommes ! » déclarera-t-il en rentrant à sa femme frissonnante ; grâce à quoi la nuit sera douce aux Kermadec.

En fait, je ne comprends d'abord rien aux murmures du colonel soucieux de discrétion et dont la voix est couverte par les préparatifs de la fête : bruits de vaisselle, orchestre de Jo Biskup répétant sous les pins, raclement des chaises sur la terrasse. Je m'imagine que cette honorable culotte de peau est venue me présenter les félicitations de la gendarmerie pour notre anniversaire de mariage. Comme je reste souriant et parle en baissant les yeux des concessions indispensables à un mariage durable, le colonel doit s'écrier :

– Mais enfin, monsieur Bailly, je pense m'être mal fait comprendre : on a retrouvé une de vos voitures – un coupé Alfa Romeo Spider Duetto bleu, immatriculé 228 TE 56, c'est bien ça ? – dans le fossé de la route du Ménimur accidentée, carbonisée, bonne pour la casse, avec des traces de sang, et personne ni à l'intérieur ni à l'extérieur.

– Vous voulez dire que...

– Je veux dire, monsieur Bailly, que j'ai le pénible devoir de vous annoncer que votre femme a disparu en laissant du sang dans une voiture incendiée. Des analyses sont en cours.

Par souci des convenances, je cesse de sourire et me redresse. Pour un peu, je claquerais des talons :

– Entendu, mon colonel, je suis à votre disposition. Tenez-moi au courant des résultats.

– Euh… je… vous ne venez pas avec moi ?

– Où ? Pour faire quoi ?

Le colonel se trouble :

– Eh bien euh… oui, en effet…, bafouille-t-il avant de s'exclamer : À votre service ! Au plaisir ! Bonne continuation ! À la revoyure !

Quatre expressions introuvables chez Montherlant.

Ce n'était pas Hélène qui conduisait cette voiture, mais Natalie Lawton, dont le spectaculaire accident se révéla bénin. Natalie avait, par l'autoradio, entendu une de ces insupportables rengaines, bénisseuses, édifiantes et pleurnichardes,

Je m'appelle Nathan
Je suis différent

dont raffolent les chanteurs d'aujourd'hui.

C'est un tremblement
Dans mon cœur d'enfant

Ce sirop l'avait horripilée. Certaines chansons, qui risquent de porter sur les nerfs des conducteurs, devraient être interdites à la radio. D'abord, Natalie avait insulté le roucouleur. Puis, ne parvenant pas à éteindre le poste, ce qui est assez compliqué sur cette vieille voiture, et mise peu à peu hors d'elle par ce connard, elle avait commencé à faire des embardées et, comme ce couillon continuait,

Nathan je m'appelle
Je suis violoncelle
J'ai des étincelles

elle avait perdu le contrôle du véhicule et s'était retrouvée à la clinique du Sacré-Cœur, où se précipita Jean-Charles, les bras chargés de fleurs et le cœur plein d'amour.

C'était le matin de notre anniversaire. Sur les quatre cents personnes qu'Hélène avait conviées, pas une n'avait refusé l'invitation. Et la régate en blazer alignerait une centaine de plates en V, guépards et gazelles, au départ d'Arradon.

Je m'étais entraîné sur l'*Alsylthie*, aux voiles jaune et blanc, et m'étais inscrit mais, au matin, j'invite Hélène à faire un tour. « Cette régate m'ennuie, partons tous les deux pour Berder, nous les y attendrons. »

Hélène accepte. C'est la première fois qu'elle met les pieds sur un bateau depuis la mort d'Alain. Elle ne dit rien mais, dans son regard, je vois quelque chose. J'y vois quoi ? Un trouble, une attente, comme un rendez-vous ; c'est absurde. Le vent nous porte, nous nous promenons, j'ai mis du champagne dans un seau, un peu de glace aussi, la mer n'est pas formée, tout ira bien, je connais les courants. Le golfe du Morbihan ressemble à un lent billard électrique. Chaque bateau est projeté d'île en d'île par courants et marées. En général, je me laisse mener sans chercher le moindre exploit.

Hélène demande la barre. J'éclate de rire mais, déjà, elle se glisse vers moi qui, pour ne pas déséquilibrer le bateau, prends sa place. Le vent est puissant, mais Hélène semble à l'aise, malgré la gîte assez forte. Il est vrai qu'elle a été fine barreuse, autrefois : toujours les fesses sur un bateau, depuis longtemps abandonné pour son piano. Nous passons la Roche Colas, prenons le courant d'Arz, ce tapis roulant.

– Mets-toi un peu plus en arrière, dit-elle calmement.

Indication très juste, pour éviter que le bateau penche trop en avant. Le vent forcit au près serré. Hélène n'ajoute rien, passe la pointe de l'Ours, puis Stibiden. Il y a des risées, des rafales, le déferlement de l'eau sous la coque, à peine quelques éclaboussures, Hélène manœuvre plus vivement que moi, avec souplesse et décontraction, nous allons vite. Alain devait naviguer comme ça. Elle prend de la vitesse pour passer entre l'île Brannec et l'île aux Moines le courant contraire dont la force nous ralentit, ce qui la fait râler. Pour sortir de cette poisse, elle remonte au vent, nous passons comme sur la jante (et l'eau qui gicle en brassées) entre la pointe de

Nioul et la pointe de Saint-Nicolas et venons accoster sur l'île de Berder.

– Excellent, ton bateau, me dit Hélène. Un vrai guépard en bois, comme autrefois. Ça fait du bien de s'y remettre.

Je descends le panier de pique-nique et le vin de champagne dans son seau (le seau de plastique qui me sert à nettoyer le bateau) que j'ai rempli de glaçons. Je suis Hélène dans le sable, voyageur poudreux, faisant crouler les dunes, comme un éléphant de Leconte de Lisle ! Hélène sautille sur les rochers puis, d'un coup, s'assoit, ôte ses sandales et me laisse lui servir un gobelet de champagne :

– À la guerre comme à la guerre, Hélène.

Et nous parlons, elle d'un ton grave :

– Que vient-il de se passer, Pierre ? Dis-moi enfin pourquoi tu es revenu ?

Je cale le seau au creux du rocher, l'emplit d'eau de mer, puis remonte auprès d'elle.

– Je ne sais pas. J'ai freiné brusquement. Je me suis mis à ne plus aimer mon époque, ni moi dans cette époque. Avant, je n'en pensais rien, j'étais dedans. Je ne savais pas que c'était une époque. Peu à peu, les gens m'ont étonné, puis déçu, puis énervé. Je ne supportais plus personne. La fameuse ligne d'ombre je suppose. Je me suis demandé ce que j'avais fait de ma vie, de mes goûts, de mon talent, de ceux que j'aimais.

Je me suis demandé comment on se souviendrait de moi si je mourais maintenant et j'ai voulu tout arrêter.

Je lui jette un coup d'œil, elle ne me regarde pas. Encore un peu de champagne puis, hésitant, je reprends :

– La... comment dire ? La mort d'Alain m'a rattrapé vingt-cinq ans plus tard. Au moment où, me sentant faiblir, j'aurais voulu m'appuyer sur mon fils, mon fils n'était pas là, et je n'avais pas encore senti cette absence. Non seulement mon fils n'était pas là, mais il n'y avait personne.

– Il y avait moi, dit Hélène d'une voix blanche.

Je ricane :

– Toi ? Toi, toujours dans tes livres. Toi, toujours à ton piano. Mais oui !

– Oui, Pierre, moi. Moi, parfaitement au courant de tes affaires. Moi, tenue tous les jours informée par Langlois et par d'autres. Moi, rendue plus forte par la mort de mon père et la mort de mon fils. Moi, ta femme, Pierre. Moi, ton équipière.

– Toi, te regardant souffrir de tout cela et y prenant plaisir.

Elle proteste :

– Souffrant, oui, mais sans me regarder. Ou bien me regardant comme la danseuse se regarde dans la glace pour se corriger. Je souffre toujours, Pierre. Tous les jours de ma vie, à chaque minute. Mais ça n'est pas une raison. Ce n'est pas parce que je souffre que j'ai raison.

C'est même le contraire : souffrir n'est pas normal, souffrir est un signe de maladie, et le signal qu'il faut se soigner. Longtemps, je ne l'ai pas voulu. Il me semblait que c'était trahir. Je ne voulais pas quitter Alain. Je grattais ma plaie pour la faire saigner.

– Et tu m'as délaissé, moi. Entre autres.

– Oui. Nous fêtons aujourd'hui nos quarante ans de mariage, mais le vrai couple est celui que j'ai formé avec Alain, mon fils mort. Tu n'y avais pas ta place, Pierre. Un fils mort a plus de présence qu'un mari vivant. Il y a des gens qui sont mieux morts que vivants, à qui la mort va très bien. Alain est de ceux-là et j'ai voulu être digne de lui. Tandis que toi…

Elle s'apprête à dire une vacherie. Je la connais. Pour la faire taire, je lui ressers du champagne et un canapé de pâté Hénaff. Les vacheries, c'est mieux la bouche pleine.

– Pandis que poi, Pierre, pu as bal vécu…

– Attends : tais-toi, avale et reprends.

– Tandis que toi, Pierre, tu as mal vécu parce que tu as rejeté ce qui aurait dû être l'événement le plus important de ta vie, et lui donner tout son sens. Tu as rejeté la mort de ton fils.

– Tu aurais voulu quoi ? Que j'arrête de vivre ? Alors que tu viens de me reprocher d'avoir démissionné du groupe ! *(Cette mauvaise foi ! Je me lève, marche de long en large ce qui, sur ces rochers couverts de goémon, n'a rien de vraiment majestueux, et reviens m'asseoir.)* Alain est mort, j'ai continué ma vie parce que c'était mon devoir. Après tout, on ne choisit pas ses parents, mais on ne choisit pas ses enfants non plus.

– On choisit au moins de les aimer.

– Même s'ils ne sont pas aimables ?

– Tous les enfants deviennent aimables et aimants quand ils se sentent aimés. C'est à nous, leurs parents, de leur donner l'amour en même temps que la vie. Et l'amour de la vie, avec ses exigences. Le reste vient tout seul.

– Tu as aimé nos enfants ?

Elle me regarde droit dans les yeux :

– À la folie, Pierre. Et plus que toi. Je veux dire plus que je t'ai aimé, toi. Cela m'est venu naturellement. Et sans effort.

– Tu m'expliqueras comment. Moi qui croyais que tu n'avais aimé que tes chiens !

– Les chiens m'ont m'aidée à vivre parce qu'ils avaient en moi une confiance totale. Ils croyaient en moi. Je ne pouvais ni me tromper ni les tromper. Ils s'en remettaient à moi pour tout ce qui faisait leur vie. Leur subsistance, mais aussi leurs promenades, leurs plaisirs et leurs jeux. Et je ne pouvais me dérober. Je devais être forte pour eux. Donc, les chiens m'ont renforcée. Mes chiens ont été des aides que j'ai reçues. Autant dire des anges. Dans ma détresse, Dieu m'a envoyé des anges sous forme de chiens.

Sans oser répondre ni réagir, je regarde discrètement la bouteille. Non, le niveau n'a pas baissé.

– Oh ! tu peux te moquer de moi, Pierre. Non, je n'ai pas bu et je ne dis pas n'importe quoi. Dieu manifeste son aide de bien des manières. Moi, en m'envoyant des chiens, toi… *(Elle hésite, puis se lance :)* Toi en t'envoyant des femmes. *(Un ton plus haut :)* Toutes ces femmes que tu avais à Paris !

– …

– Eh bien, elles t'ont empêché de te noyer. Elles t'ont apporté la distraction dont tu avais besoin. Ta débauche était une recherche de pureté.

Son ton est calme comme un constat. Et moi qui croyais avoir été discret.

– Oui, oh ! ça va, ne baisse pas la tête, quelle importance, ces bonnes femmes ? Aie au moins le cran et la courtoisie de ne pas en avoir honte.

– Mais je n'ai rien dit, Hélène. Seulement…

– Tu veux savoir comment je le sais… Je le sais parce que ma mère est morte jeune, que j'ai vu vivre mon père, et que je connais un peu – un peu seulement, mais cela suffit car vous n'êtes pas très surprenants – les hommes. Rien n'est plus austère que la vie des affaires. On ne s'y fait aucun ami et toutes les relations sont intéressées. Tu as pu le voir lorsque tu t'es retiré : tu t'es trouvé dans un désert après avoir été très entouré. C'est aussi pour cela que je ne voulais pas que tu arrêtes, mais peu importe. Cette dureté de la vie des affaires, cette âpreté, on la supporte mal sans les femmes. On a besoin des femmes pour supporter ça. De distractions. De changer d'air. De recharger ses accus en se déchargeant les… enfin, ne m'oblige pas à être vulgaire, s'il te plaît. Ce que tu faisais avec ces femmes n'est pas plus grave que ce que je faisais avec mes chiens. Enfin, façon de parler, ce n'est pas Hélène et ses chiens ! *(Elle rit un peu, puis elle reprend :)* Moi, je promenais mes chiens, tes bonnes femmes te baladaient. Je les faisais jouer, elles se jouaient de toi. Ils dormaient sur mon lit, tu dormais dans le leur. Nous étions, toi et moi, sans le savoir, sur les ailes des anges qui nous sauvaient de la mort. *(Elle hésite un peu.)* Mais pour cela, il faut croire en Dieu. *(Elle me regarde droit dans les yeux, comme si elle m'affrontait.)* Moi, j'y crois, Pierre. Malgré tout. Ou peut-être grâce à ce que nous avons dû affronter. Et toi ?

– Quoi, moi ?

– Est-ce que tu crois en Dieu, Pierre ? Est-ce que tu crois que Dieu nous frappe et nous porte en même temps ?

Cette voix qu'elle a soudain ! Elle m'emmerde. Mais je ne peux me dérober et, dans un souffle sourd qui me surprend moi-même :

– Bien sûr que j'y crois, Hélène.

Puis, en me forçant à rire :

– Tu sais, Dieu résiste à tout. Même aux évêques de France.

Mais cela n'amuse pas Hélène qui murmure :

– Quand Alain est mort, je suis tombée. Je ne me relève que maintenant, vingt-cinq ans plus tard. J'étais tombée dans un trou dont je suis sortie millimètre par millimètre.

– Moi, c'est le contraire, je crois. J'ai continué à courir. Et je tombe maintenant, les jambes coupées. Je vais avoir besoin de toi, Hélène.

Hélène s'est levée, moi aussi. A-t-elle tout dit ? Elle va s'accroupir au bord des flaques laissées dans les rochers par la marée descendante, regarde gambader les petits crabes, leur bruit de claquettes. Pour la première fois depuis longtemps, l'élégance d'Hélène me frappe, comme elle se coule dans ce décor qui semble avoir été construit autour d'elle. Je vais vers elle, qui se lève, la prends dans mes bras, elle ne s'écarte pas, je pose mes lèvres sur les siennes, le baiser s'éternise, nous pleurons doucement tous les deux, en silence, comme nous ne l'avons jamais fait. Nous devons ressembler à une publicité pour colle à dentier.

– Je ne t'ai donc pas rendue heureuse, Hélène. J'ai été un problème pour toi ?

Elle me repousse, furieuse :

– Mais si, j'ai été heureuse, qu'est-ce que tu crois ? Sauf qu'après la mort d'Alain, j'ai fait semblant. Le bonheur, ce n'est pas de ne pas avoir de problèmes ; le bonheur est de pouvoir résoudre les problèmes qu'on a ! Toi qui aimes les phrases définitives, eh bien tu peux te la graver dans le bronze, celle-ci, si tu vois ce que je veux dire. *(Puis, plus doucement :)* Mais enfin, la mort d'un fils, c'est un problème qu'on ne règle jamais. Jamais.

– Tu pensais donc à Alain ?

– Tout le temps. À chaque seconde de la vie.

– Moi aussi, je peux bien te le dire maintenant. Mais ça change quoi, Hélène, après tout, les enfants ? Juste le nombre des places à table. J'ai connu des gens avant qu'ils aient et après qu'ils ont eu des enfants, c'étaient les mêmes. Leurs enfants ne les avaient pas changés. Donc, la perte d'un enfant ne devrait rien changer. Sinon le nombre des places à table.

– Un enfant, c'est un idéal qu'on n'invente pas, mais qu'on reçoit. Malgré soi. Et il faut être à la hauteur de cet idéal que l'on n'a pas voulu et qui décevra. Il faut l'accepter malgré soi et en être digne. Tu sais comme j'ai détesté être enceinte *(Elle en frissonne encore.)* Eh bien, j'ai adoré mes enfants. *(Elle marque un temps puis, me regardant droit dans les yeux.)* J'ai adoré mes enfants, et je les adore encore.

J'éclate de rire :

– Drôle de réflexion, tu ne les vois jamais !

– Qu'est-ce que tu en sais ?

– Mais…

– Je vois Sylvie et Thierry toutes les semaines. Plusieurs fois par semaine, même. Et je ne suis pas un instant sans penser à Alain. J'ai détesté être enceinte d'Alain, et je suis comme enceinte de lui jusqu'à la fin de mes jours. L'épreuve que nous avons subie, il nous faut la vivre tous les jours. À chaque minute. Alain n'est pas mort puisqu'il vit avec moi à chaque moment de ma vie. C'est aussi pour mieux être avec lui que j'ai voulu me séparer de vous tous. Chacun porte en soi Alain, qui est le meilleur de lui-même. C'est un idéal, aussi : un idéal qui n'a pas eu le temps de décevoir. Et tu viens juste de t'en apercevoir. Nous avons failli avoir une vie effroyablement matérielle. Par sa mort, Alain lui a donné un sens. Car sa mort n'est rien pour Alain, sinon un sommeil plus long, une nuit sans insomnie, où le temps ne compte pas. Ce qu'on appelle l'éternité, je suppose. J'espère.

Hélène a dit cela comme pour elle-même, et elle a bien fait car je ne l'écoutais plus depuis qu'elle m'avait dit qu'elle voyait toujours nos enfants. Comme elle sent ma colère, elle me fait m'asseoir, me prend par les coudes et me dit d'une voix forte :

- Si tu avais voulu voir les enfants, tu l'aurais fait. Ne me reproche rien. Et, d'ailleurs, tu vas les voir. Mais j'ai autre chose à te dire, de plus important : nous allons sauver le groupe Maudet.

Je me fiche bien de cela, mais elle insiste :

– Ce que tu ne sais pas, Pierre, c'est que les nouveaux dirigeants avaient l'intention de dépecer le groupe et de le vendre en petits morceaux, entreprise par entreprise. Aux Chinois, aux Danois, aux Américains, enfin à qui voudrait. C'est ce que nous a révélé l'affaire de la boucherie Pilou. Or, en cherchant bien dans les statuts, avec Langlois, nous avons trouvé une clause qui rend impossible cette vente à la découpe.

– Je la connais. Mais il faut lever des capitaux.

– Je l'ai fait, j'ai fait le tour des banques, j'ai emprunté. À quoi penses-tu que j'aie passé mes après-midi, ces neuf derniers mois ? Tu croyais que j'allais à Séné pleurnicher devant les mânes de mon père et de mon fils ? Oui, j'allais à Séné, mais pour y travailler, figure-toi. En secret. Et je faisais le tour des banques.

Je hausse les épaules :

– Le tour des banques de Vannes, pour le groupe Maudet ! Ma pauvre chérie !

– Bien sûr que non, voyons, les banques se déplaçaient. De Paris, de Genève, de Londres. Qu'est-ce que tu crois ? Je suis une Maudet, je n'ai pas perdu la main, Langlois me servait de rabatteur, Sylvie prenait les premiers contacts. Puis ils venaient me voir à Séné.

– Sylvie ?

– Notre fille.

– Tu la voyais donc !

– Je te l'ai déjà dit. Tu sais qu'elle a des parts dans le groupe. Thierry aussi. Et moi aussi. Grâce à une astucieuse combinaison montée par Langlois sans que personne s'en doute, et avec l'aide de deux banques, je me suis assuré la majorité des parts du groupe, et je vais être nommée P DG à la prochaine assemblée générale.

Je suis frappé de stupeur, comme Hector au pied des murailles de Troie.

– Mais…

– Mais quoi ? Tu penses que je suis incapable de diriger le groupe Maudet, c'est ça ?

– Euh… non, tout le monde peut le faire, je l'ai bien fait, moi. C'est aussi simple que d'appuyer sur un bouton dans un ascenseur : la machine obéit. Seulement, il faut habiter Paris.

– Oui. Je quitte Vannes. Je quitte Baot et je rentre à Paris, rue d'Aumale. Si tu ne veux pas de la maison, nous pouvons la vendre aux Lawton, qui sont assez demandeurs. Et puisque tu veux savoir pourquoi je n'ai plus eu de chiens depuis la mort de Trompette, eh bien c'était pour être libre de mes mouvements, justement. Parce que je sentais ta défaillance et que j'allais devoir reprendre… le collier !

– Et la fête de ce soir ?

– Nous n'y allons pas. Enfin, vas-y si tu veux mais, moi, je pars pour Sainte-Anne-la-Palud retrouver Sylvie, Thierry, leurs conjoints, nos petits-enfants, à l'hôtel de la Plage. Et les Langlois.

– Nous avons des petits-enfants ? Première nouvelle !

– Huit ! Ils n'ont pas chômé. Je n'ai pas de photos, désolée.

– Tu aurais pu me le dire !

– Oui, j'aurais pu. Mais tu aurais pu aussi t'en inquiéter. Car Sylvie et Thierry n'ont cessé de travailler dans le groupe Maudet. Tu as même travaillé avec Sylvie d'assez près. Sylvie Dumain, ça ne te dit rien ?

– Ah !

– Hé !

– En effet, très jolie fille. Et excellente collaboratrice.

– Eh oui, Pierre, c'était une de tes assistantes, depuis plus de dix ans. Mais tu ne faisais attention à personne.

– Et voilà, encore des reproches ! C'est ça, sans doute, la vie de couple : une épreuve contre nature. Le mariage est tellement dur qu'il faut un sacrement, c'est-à-dire l'aide de Dieu, pour le rendre supportable. *(Je la prends dans mes bras.)* Et voilà que tu vas t'emparer de ma place, Hélène.

– Que veux-tu ? me répond-elle en s'écartant un peu, mais pas trop. Que veux tu ? Un couple, ça fait un, ça fait trois ou ça fait zéro, mais ça ne fait jamais deux. *(Elle se serre contre moi.)* Dans un couple, il n'y a pas de place pour deux.

DU MÊME AUTEUR

Aux Éditions Albin Michel

LE GOUVERNEUR DISTRAIT, roman, 1989

CHÂTEAU BOUGON, roman, prix Roger-Nimier 1991

VOYAGE À L'OUEST, essai (en collaboration), 1991

LE BON TABAC, traité sur les bienfaits du tabac, 1996

LE GRAND CHARLES, ou *En écoutant Trenet chanter*, essai, 1998

LES ENFANTS OBSTINÉS :

1. DES FILLES QUI DANSENT, roman, prix Bretagne 2008
2. DES GARÇONS QUI TREMBLENT, roman, prix Ève-Delacroix, Académie française 2009, Grand Prix d'honneur de la ville de La Baule, Société littéraire et artistique de La Baule

Chez d'autres éditeurs

PAYS DE LA LOIRE, album, Romain Pages, 1994

FÉLICIEN MARCEAU, essai, Le Rocher, 1994

GAILLOT L'IMPOSTEUR, *ou La Mitre molle*, brochure, Le Rocher, 1995

LA DROITE HONTEUSE, *petit tableau des mœurs politiques françaises à la fin du XXe siècle*, Le Rocher, 1997

JOURNAL D'UN CRÉTIN, roman, prix Louis-Barthou, Académie française, Le Rocher, 2000

LA GLOIRE DES CACHALOTS, pamphlet, Le Rocher, 2001

LE GROS NUL, autoportrait, Le Rocher, 2002

Composition IGS-CP
Impression CPI Bussière en janvier 2012
à Saint-Amand-Montrond (Cher)
Éditions Albin Michel
22, rue Huyghens, 75014 Paris
www.albin-michel.fr
ISBN : 978-2-226-22972-4
N° d'édition : 19759/07. – N° d'impression : 114216/4.
Dépôt légal : août 2011.
Imprimé en France.